10672839

DANS LA MÊME COLLECTION

Sainte Jeanne de France, fondatrice des Annonciades, par André Girard

Pauline Jaricot, par Georges Naïdenoff

La petite Sœur de l'Unité, Marie Gabriella, par Bernard Martelet

Qu'un même nous rassemble, par Louisa Jaques

Edith Stein à la lumière du Ressuscité, par W. Boehm

Le trésor dans le champ : la bienheureuse Ulrica Nosch, par Angelo Montonati

Le père Tansi, cistercien, par Gregory Wareing

Vie de saint Paul Apôtre, par Jean Cantinat

Le sourire des pauvres : fioretti de Mère Teresa, par Jose-Luis Gonzalez-Balado

Fioretti de Padre Pio, par Pascal Cataneo

Fioretti de Jean XXIII, par Moïse Prieto

Thérèse de Lisieux élève à l'Abbaye, par Sœur Anne-Marie Roué, osb

Thérèse de Lisieux et ses frères missionnaires, par Suzanne Vrai

RITA, LA SAINTE DES IMPOSSIBLES

Jo Lemoine

RITA

la sainte des impossibles

Huitième édition

MÉDIASPAUL

© Médiaspaul, 8 rue Madame, 75006 PARIS
ISBN 2-7122-0465-4

POUR LE CANADA :

Médiaspaul, 3965 boulevard Henri-Bourassa, MONTRÉAL
ISBN 2-89039-744-0

1

UNE NAISSANCE INESPÉRÉE

« Tap, tap, tap !... Tap, tap, tap !... »

Le battoir de bois frappe en cadence le linge mouillé, éveillant des échos sur les pentes abruptes qui dominent l'étroite vallée. Au bord du torrent, une femme déjà mûre resserre d'un geste frileux le châle de laine autour de ses épaules. Il ne fait pas chaud, par ce soir d'octobre, dans ces montagnes !

Nous sommes en 1380, à Rocca-Porena, petit village dépendant de la cité de Cascia, en Ombrie. Plus tard, cette région autonome s'unira à ses voisins, les autres petits États de la péninsule, pour former l'Italie. Bien plus tard ! Pour le moment, ces principautés, difficilement gouvernables, se déchirent entre elles, ou se révoltent contre le Pape et les souverains qui veulent tour à tour les annexer.

En France, la situation n'est pas meilleure. Discordes et famine y règnent, tandis que le roi perd de plus en plus de son pouvoir. C'est seulement dans une cinquantaine d'années que Jeanne d'Arc fera son apparition, pour ranimer la notion de patrie, pour entraîner les cœurs à la confiance en Dieu...

Depuis trois ans seulement, le Pape siège de nouveau à Rome, après l'exil d'Avignon. Grégoire XI n'en était revenu que pour mourir. Et son successeur, Urbain VI, a fort à faire pour défendre l'Eglise, menacée par les divisions intérieures, par les hérésies, par les infidèles d'Orient.

Amata ignore ces choses. Elle sait seulement que les temps sont troublés et qu'il ne fait pas bon, dès le crépuscule, s'attarder seul hors du village. C'est pourquoi elle se hâte maintenant de rincer la lessive familiale, sans souci de l'eau froide qui lui gerce les mains. Déjà le soleil disparaît derrière les sommets proches, laissant errer dans le ciel quelques reflets dorés. Bientôt la grisaille s'y installera... comme elle s'installe peu à peu dans les cheveux de la lavandière. Le temps a-t-il donc passé si vite, depuis son mariage avec Antoine Lotti ?

En ce soir mélancolique, le regret tapi au fond de son cœur se fait plus lancinant : non, elle ne les aura jamais, ces bambinos que tous deux appellent de leurs vœux depuis plus de douze ans...

Mais justement, le voilà, Antoine, son Antonio ! Au retour des bois où il a travaillé tout le jour, il est venu chercher son épouse. Lui aussi a des fils blancs dans sa chevelure noire. Sa démarche se fait moins vive que jadis.

Mais il est encore robuste, et il se charge, sans rien dire, du lourd ballot. Geste peu courant dans les campagnes à cette rude époque ! et qui fait dire aux voisines attardées sur leurs seuils, lorsque les deux époux regagnent le village :

— Ils s'aiment vraiment, ces deux-là ! Quel dommage que le ciel n'accepte pas de bénir leur union ! Ils le désirent tant, cet enfant !...

Mais, est-il vraiment trop tard ?

***

Quelques semaines ont passé... Amata, dans l'unique pièce de la maison, prépare les pâtes pour le repas du soir. Elle paraît fatiguée, et elle sursaute quand des coups sont frappés à la porte. Heureusement, elle n'est pas seule. Antoine, près de l'âtre, répare un ustensile de cuisine. Il va ouvrir et se trouve en présence de deux visages bien connus : ceux de Lucio et de Pietro, deux habitants du village.

Mais ces visages sont, pour l'instant, déformés par la fureur. Pourtant ils saluent poliment, s'efforçant de reprendre un peu leur calme. Ce n'est pas aux époux Lotti qu'ils en veulent. Au contraire, ils viennent leur demander d'arbitrer la querelle qui les oppose entre eux. Souvent les gens de Rocca-Porena ont ainsi recours à ceux qu'ils appellent tout bas *les Porte-Paix*.

Invités à s'asseoir, puis à s'expliquer, ils se remettent à parler ensemble d'un ton de plus en plus haineux :

— Si je les retrouve dans mes légumes, tes poules enragées, je leur tire dessus, pas moins ! vocifère Lucio.

— Tu n'as qu'à réparer ta clôture, tiens ! réplique vivement Pietro. Quant à abattre mes volailles, je voudrais bien voir ça ! Tu y passerais avant, car je...

Amata s'est remise, sans s'approcher, à sa besogne ménagère. Mais de loin elle lève les yeux vers son mari, et Antoine sait bien qu'elle le soutient de sa prière tandis qu'il cherche les arguments capables de désarmer les adversaires. Car cette question de mitoyenneté n'est qu'un prétexte pour ranimer un désaccord plus profond, plus ancien. Les deux hommes appartiennent à des familles qui ont lutté jadis dans des camps adverses. Et le moindre incident suffit à rallumer une rancune mal éteinte.

Non, les adversaires n'iront pas jusqu'à se battre. Une fois encore, Antoine a su trouver les mots qu'il fallait, raisonner l'un, calmer l'autre, promettre son aide pour réparer la haie. Il n'a jamais appris dans les livres, que ni lui ni son épouse ne sauraient du reste déchiffrer. Uniquement dans le livre de la vie : l'expérience, l'amour de la paix, l'amour de Dieu, par-dessus tout, lui ont appris à conduire sa vie, et à rayonner la sérénité sur celle des autres.

En ce temps encore primitif, on enseigne la foi dans

10

les églises par la parole, et par l'image. Tableaux et gravures ont familiarisé les fidèles avec l'enfance et la Passion du Christ, avec l'histoire des Saints qui se sont efforcés de marcher à sa suite. Amata et Antoine veulent, à leur tour, suivre cette voie tracée par leurs ancêtres. Voilà toute leur science ! Mais elle se suffit à elle-même...

Cependant, Antoine s'inquiète : son épouse est demeurée toute la soirée pâle et tremblante. Elle n'a presque rien mangé, et reste abattue le lendemain. Cela n'est pas dans ses habitudes, et elle n'a jamais été émotive au point de se troubler pour une querelle qui ne la concerne pas... D'ailleurs, tout cela est apaisé... Alors, que se passe-t-il donc ?

La vérité, Antoine Lotti la comprend la semaine suivante. Rentrant chez lui à l'improviste, il trouve sa femme en conversation avec la *Mamma*, une bonne vieille de l'endroit, qui soigne et conseille maternellement tout le voisinage. Lorsque les deux époux se retrouvent seuls, Amata, les yeux brillants de joie, l'entraîne vers la statue de la Madone en s'écriant :

– Antonio... Rendons grâce... tu sais, ...le bambino ! Je suis sûre, maintenant ! Dieu est bon !...

***

Le bambino? Songeuse, Amata l'a évoqué bien souvent, depuis quelques mois, en se promenant au bord du torrent où refleurit timidement le printemps... Elle ne vient plus laver le linge ; elle prépare la naissance inespérée, et doit prendre quelques précautions, car elle n'est plus toute jeune. Mais elle marche chaque jour au milieu de cette nature sauvage et grandiose qu'elle aime tant ! Son enfant sera imprégné de beauté. La Création est si belle ! Un soleil tout neuf, dirait-on, touche les cimes balayées par le vent ; mais ce vent doux, léger, parle déjà des beaux jours à venir.

Dans quelques semaines, l'enfant sera là. La future mère a préparé sa venue. Tout est en ordre dans la petite maison de Rocca-Porena pour le recevoir. Mais elle n'a pas dit à la *Mamma* ce que son époux et elle-même sont encore seuls à savoir : ce sera une bambina, Amata en est sûre, certaine.

Oh ! sa certitude ne vient pas d'une simple intuition comme en ont parfois les femmes dans son état, qui prennent leurs désirs, ou leurs rêves, pour des réalités. Cela vient de bien plus haut...

C'était tout au début de la grande espérance. Un gai soleil dorait le jardin, ce jour-là, et il ne faisait pas froid. Amata en avait profité pour y effectuer quelques travaux d'automne. Jetant un regard sur les massifs dépouillés, elle les revoyait, couverts de ses fleurs préférées ; de roses, surtout ! Comme ils l'étaient encore, voici peu de temps... Comme ils le seraient de nouveau lorsque la ronde des saisons aurait ramené l'été sur Rocca-Porena. Mais, à ce moment, l'enfant serait né. Il dormirait à l'ombre du vieux cyprès...

Cette évocation réjouissait le cœur de la future maman. Une fois de plus, elle remerciait tout bas le Seigneur de cette joie si longtemps attendue... Avec toutefois un peu d'appréhension... Bah, tout se passerait bien ! Et Antoine serait heureux d'avoir un fils.

A ce moment, un coup de vent passa. Et une voix murmura :

—Ne crains rien, Amata ! Tu vas donner le jour à une petite fille ! Mais Antoine et toi, vous l'aimerez tant ! Et le Seigneur l'aimera encore plus !

Le soir, non sans avoir un peu hésité, elle a confié à Antonio les paroles de l'Ange ; car ce ne pouvait être qu'un Ange, n'est-ce pas ? Comme ils devraient s'efforcer de former cette petite âme sur laquelle Dieu se penchait ainsi à l'avance !

Saisi de surprise et de respect, son mari avait tout de suite affirmé qu'il accueillerait de tout son cœur cette petite rose à leur foyer.

Et voici que, tout à l'heure, ici même, au bord de l'eau, Amata avait de nouveau entendu la voix céleste :

—Amata, le jour approche. Cette enfant, tu la nommeras Rita... En l'honneur de sainte Margherita. Ce petit nom, par elle, deviendra un grand nom...

Voilà Amata de plus en plus intimidée. Dans l'Evangile,

13

il est fait mention d'une apparition analogue, à la Vierge Marie, lors de l'annonciation de la naissance du Messie... Et aussi, à Elisabeth, la femme mûre qui n'espérait plus d'enfant, et s'est vu annoncer, avec la maternité, les desseins du Seigneur sur celui qu'elle devrait nommer Jean.

Quel destin commun pourra-t-il y avoir entre le Précurseur, l'apôtre sans peur, et une petite paysanne d'Ombrie ? Elle frissonne, et rentre sans tarder, pour avertir Antoine de cette nouvelle intervention du ciel. Pourquoi, mais pourquoi donc Dieu s'intéresse-t-il à ce point à leur enfant ?

***

Mai 1381. Chez les Lotti, une petite fille vient de naître. Le bonheur, avec elle, est entré dans la maison. Antoine fièrement, présente sa fille aux visiteurs, et ne paraît même plus se rappeler qu'il a pu, un jour, souhaiter un fils ! C'est qu'elle est jolie, la petite Rita, avec ses yeux noirs, ses cheveux bruns déjà abondants, et son teint de lait. Dans le grand lit, Amata se recueille, comblée...

Mais ce nom intrigue tout le monde. Pourquoi donc avoir choisi comme patronne sainte Margherita ? Ce n'est ni une tradition Lotti, ni une tradition Mancini – famille d'origine d'Amata... – Et quelle étrange idée d'avoir fait adopter, au baptême, qui a eu lieu dans l'église Sainte-Marie-de-la-Plèbe, à Cascia, ce diminutif ?

14

Les parents ferment la bouche sur leur secret. Pour eux, ce nom représente un symbole de ce que doit devenir leur enfant : marguerite signifie *perle*. C'est aussi la *fleur* au cœur d'or, à la blanche corolle. Piété, pureté, générosité, voilà ce qu'ils souhaitent pour leur fille. Ce qu'ils ne se contenteront pas de lui souhaiter, mais s'efforceront de l'aider à acquérir...

***

Pour le moment, Rita n'est encore qu'une bambine facile à élever. Elle ne pleure pas souvent, et apprend vite à reconnaître son père et sa mère... Très tôt, elle commence à leur sourire. Quand ils s'en vont travailler aux champs, ou au bois, ils l'emmènent dans une corbeille d'osier et la laissent dormir à l'ombre, non loin d'eux...

Un jour de grand soleil, Antoine et Amata travaillent dans un champ. Ils sont tout au bout du sillon. Près du chemin, sur le talus, la petite Rita dort, couchée dans son habituel berceau rustique. Elle semble dormir, du moins... Mais voici que ses paupières s'entrouvrent, que ses menottes s'agitent doucement...

Passe un moissonneur qui vient de se blesser avec sa faux dans le champ voisin. Il retourne à grands pas vers le village pour y soigner sa main droite, où saigne une large coupure.

Tout à coup, entendant un bourdonnement discret, il s'arrête et découvre le bébé entouré d'un essaim d'abeilles... Son premier geste est de se précipiter, et. oubliant son mal, de chasser les insectes à tour de bras. Mais rien ne les arrête... Les abeilles tournent toujours autour du visage de Rita. Certaines même entrent dans sa bouche, en ressortent, comme si elles jouaient sur le seuil de leur ruche...

Chose stupéfiante, le bébé ne bouge pas, ne pleure pas, ne crie pas... Bien réveillée maintenant, la petite Rita suit des yeux le vol incessant des abeilles, qui ne la touchent pas, ne la piquent pas, ne lui font aucun mal...

Le passant, émerveillé, a retiré sa main puisque son assistance n'est pas nécessaire... Et, soudain, voilà qu'il ne se rappelle plus si sa blessure était à la main droite, ou à la main gauche ! Toutes deux sont parfaitement lisses et saines ! Comme si son geste protecteur avait attiré sur lui une guérison miraculeuse !

Il s'en va bien vite conter son aventure aux parents de Rita ; puis, malgré les recommandations de ceux-ci, à tout le village...

Pourquoi donc la petite fille d'Antoine et Amata Lotti, cette enfant de quelques mois, est-elle à ce point protégée du ciel ? Son avenir paraît pourtant tracé, tout uni et tout ordinaire, au hameau de Rocca-Porena...

Ainsi parlent les femmes, dans les ruelles encore chaudes, tandis que le soleil décline à l'horizon.

2

L'ENFANT DE LA MONTAGNE

Les saisons ont succédé aux saisons... Etés brûlants, automnes mélancoliques, hivers plus ou moins rigoureux, printemps fleuris sont revenus plusieurs fois. La petite fille a maintenant quatre ans.

Elle est vive et gracieuse, l'enfant si longtemps attendue par Antoine et Amata Lotti. Ceux-ci ont encore peine à croire à leur bonheur. Chaque matin c'est le même émerveillement en l'embrassant au réveil. Cependant, ils ont peine à se rappeler l'époque où leur foyer demeurait austère, en dépit de leur mutuel amour. Il leur semble que des années et des années ont passé depuis...

Rita a commencé par leur sourire, en gazouillant. Puis, elle a esquissé ses premiers baisers, prononcé ses premiers mots, effectué ses premiers pas. Amata, joignant les petites menottes, lui apprenait à balbutier une prière, à faire le signe de la croix. La fillette, s'éveillant à la vie, faisait connaissance, à la fois avec ses parents et avec le Christ, la Vierge Marie, les saints. Elle les englobait tous dans un même amour.

Comme toutes les mères, Amata aimerait parer un peu sa petite fille, aux jours de fête. Voici un de ces colporteurs qui parcourent plaines et montagnes pour offrir aux habitantes de ces coins écartés quelques pièces de tissu, des dentelles à bon marché, des rubans surtout ! Des rubans de toutes les couleurs, qui orneront si joliment les cheveux !

Plusieurs mamans en ont acheté pour leurs petites filles ! Car nous sommes à l'époque des fêtes en plein air. Dimanche prochain, il doit y avoir procession solennelle, à Cascia. Chacune veut que sa bambina soit belle pour escorter Jésus avec des bouquets de roses.

– Rita ! viens voir...

Sur l'étalage ambulant, Amata a choisi quelques rubans ; des blancs... des roses... Lesquels s'harmoniseront le mieux avec le teint, les boucles de sa fille ? Il faut essayer, comparer...

Mais... pffftt...! Plus de Rita ! Envolée au fond du jardin, avec un rire mutin, et un geste de la main, qui signifie clairement : « Non ! Non ! »

Un peu dépitée, Mme Lotti remet en place les colifichets, s'excuse auprès du colporteur. Celui-ci, pas trop content, remballe sa marchandise et repart au pas de sa mule sur le sentier escarpé... non sans grommeler contre cette vente manquée par la faute de cette « stupide gamine ».

Un peu plus tard, Rita, interrogée sur les raisons de son refus, sera bien en peine de les définir avec précision. Elle dira simplement, avec un sourire irrésistible :

– Jésus m'aimera aussi bien sans rubans. Il sait bien que, moi, je l'aime tant !

Elle a déjà compris que la beauté de l'âme est la seule qui compte. Son père l'embrasse tendrement ; et sa mère, de son côté, n'insiste pas. Elle a trop souvent entendu ses voisines déplorer la coquetterie exagérée de leurs grandes filles. Mais Rita n'a que quatre ans. Elle sera quand même la plus belle, avec son visage recueilli, et son petit cœur si pur ! Oui, c'est cela, le principal !

**

Quelques étés, quelques hivers, encore... Rita va sur ses neuf ans. Les années, qui lui apportent vigueur et agilité, en enlèvent, par contre, peu à peu, à ses parents. Pour qu'elle croisse, il faut qu'ils diminuent. C'est la loi de nature. Particulièrement pour les enfants tard venus... Mme Lotti n'a pas besoin de demander à sa fille de l'aider aux travaux ménagers. D'elle-même, Rita en prend sa part, toujours plus grande, à mesure qu'elle avance en âge.

– Laisse-moi aller à la fontaine, maman. Je peux bien porter la cruche toute seule, maintenant.

– Petit père, emmène-moi au bois. Je t'aiderai à lier les fagots. Et à les rapporter...

A leurs protestations, elle répond invariablement :

– Je suis forte, vous savez bien !

Oui, elle est forte, de corps et d'âme, Rita Lotti. La compagnie d'adultes, et d'adultes âgés, a mûri son esprit plus tôt que ceux des enfants entourés de frères et sœurs. Certes, elle aime rire, chanter. Mais de plus en plus elle prend ses responsabilités, veille sur la santé de ses parents, sur la marche du foyer. Antonio et Amata ont pris l'habitude de la consulter quand il faut décider, prévoir... Même pour consoler ou conseiller voisins et amis.

C'est Rita maintenant qui seule lave le linge au bord du torrent ; agenouillée à la place où s'activait autrefois sa mère, elle contemple à son tour les hautes montagnes. Sur ces sentiers, elle le sait, on trouve encore, très haut, dans des coins presque inaccessibles, la trace d'anciens ermitages. De saints personnages y ont vécu naguère, tout occupés de la gloire de Dieu et du salut de leurs contemporains.

A douze ans, à quatorze ans, la foi s'approfondit, devient personnelle et raisonnée. Rita voudrait pouvoir, elle aussi, se consacrer à la contemplation de Jésus Crucifié, unir ses souffrances à celles du Sauveur. Son jeune âge, son rôle filial, l'en empêchent, pour le moment... Elle va du moins faire en sorte de s'isoler par moments au sein du foyer paternel pour prier à son aise. Ses parents, comprenant son désir, lui ont permis d'aménager un petit coin bien à elle... Là, elle invoque la Sainte Vierge et saint Jean-Baptiste, un de ses saints préférés. Là, surtout, elle médite sur la passion de Notre-Seigneur... Elle a entendu parler, comme tout le monde dans ces vallées, de saint François d'Assise, qui sema la charité sur ses pas au siècle précédent. Comme lui, elle veut faire le bien autour d'elle, par amour pour Jésus. Les malheureux la connaissent bien. Si peu qu'elle ait à leur donner, elle le fait de bon cœur, n'hésitant pas à aller les trouver jusque dans les mauvais sentiers de la montagne. Et, si elle se prive joyeusement pour leur apporter quelques secours matériels, elle y joint son sourire, ses paroles aimables, l'écoute attentive de leurs plaintes.

Comme tous les adolescents de tous les temps, elle rêve d'avenir. Mais, pour elle, l'avenir, c'est une vie toute donnée à Dieu et aux autres. La vie religieuse... Il suffit d'attendre encore...

***

Cependant, ses parents, de leur côté, se préoccupent aussi du sort futur de leur fille. Ils sentent que, bientôt, ils seront appelés à quitter ce monde, où ils ne voudraient pas la laisser sans appui. Et, en attendant, ils ont telle-ment, tellement besoin d'elle ; de ses soins, de son aide, de sa gaieté, de son affection !

Un jour, en revenant de visiter une pauvre femme, à la lisière de la forêt, Rita voit un jeune homme, bien mis et de fière allure, sortir de la maison familiale. Antoine, sur le seuil, le reconduit, avec de grands saluts... Voyant approcher sa fille, il lui fait signe de le suivre à l'intérieur.

Un peu surprise, mais sans y attacher autrement d'importance, la jeune fille pénètre dans la maison, pose son panier. Sa mère lui fait comprendre, d'un geste, que la préparation du repas sera pour plus tard, et qu'il faut écouter Antoine.

Celui-ci commence, d'un ton un peu plus grave que de coutume :

— Je viens de recevoir une visite. Celle de Paul de Ferdinand. Nous nous sommes déjà rencontrés plusieurs fois, depuis qu'il est de retour au pays. Il m'a déjà acheté du fourrage, car il est excellent cavalier, et possède au moins deux chevaux.

Rita ne répond rien. Il n'y a, pense-t-elle, rien à répondre. Antoine continue, et Amata lui donne maintenant la réplique. Comme beaucoup de gens âgés, ils évoquent l'enfance du garçon concerné, sa jeunesse, ses degrés de parenté avec tel ou tel... Certes, les époux Lotti sont de braves gens, et n'aiment pas médire de leur prochain ; ils n'insistent pas sur les traits déplaisants du caractère, ou du comportement de Paul. Mais Rita a entendu parler de lui, à Rocca-Porena, où il est craint, mais guère aimé. Chacun sait qu'il a guerroyé, au cours des années qui viennent de s'écouler, et qu'il garde des amitiés, ou plutôt des complicités, avec d'anciens chefs de bande. La région, à peine pacifiée, récemment soumise à la domination temporelle du Saint-Siège, est encore le théâtre de luttes, de querelles, auxquelles il aime se mêler. C'est un beau garçon, Paul de Ferdinand : grand, brun, fort et hardi. On ne peut nier sa bravoure. Mais il va parfois jusqu'à la brutalité, pour ne pas dire à la cruauté. Avec cela, buveur et jouisseur. L'autre soir, encore, on conte qu'il a fait grand tapage à la Taverne des Quatre-Chemins, près de Cascia. Pour une cruche de vin d'Asti qu'on ne lui servait pas assez vite à son gré...

La jeune fille détourne sa pensée de ce sujet, qui ne la passionne guère... Elle songe maintenant qu'il serait temps de tremper la soupe, et n'ose pas se lever... Une phrase de son père la ramène à la réalité :

– Paul de Ferdinand prépare son mariage. Il se fixe définitivement ici, et il a déjà choisi sa future épouse.

« La pauvre fille ! », se dit Rita.

Elle plaint celle qui se verra affligée d'un tel mari. Déjà la condition de femme mariée l'effraie un peu. Pour sa part, depuis longtemps, elle s'est vouée au Seigneur. Elle attend d'être un peu plus âgée pour demander à Antoine Lotti la permission d'entrer au couvent. Jamais elle ne sera à aucun autre qu'à Jésus Crucifié. Elle redoute de peiner ses parents vieillissants. Mais elle fait confiance à la Providence, pour l'aider, le moment venu, à leur faire part de son vœu secret. C'est pourquoi les questions ma-

trimoniales, concernant les autres, ne sauraient l'intéres-
ser...

Tout à coup elle sursaute... Non, ce n'est pas vrai ?...
Cela ne peut pas être vrai : ... En écoutant distraitement
la suite du discours d'Antoine, elle a saisi cette vérité,
qu'elle n'avait pas entrevue tout d'abord : la « pauvre
fille »... c'est elle-même, Rita Lotti ! Paul de Ferdinand
est venu demander sa main...

***

Rita a protesté... Elle a pleuré, prié, pleuré encore, et
encore prié... Ses parents, d'une part, son Père céleste, de
l'autre, semblent rester insensibles à ses supplications.
Elle a confié aux siens sa promesse de vie religieuse, son
intention irrévocable de la tenir. Elle n'a pas le droit, de
se marier.

Peine perdue. On lui fait comprendre qu'elle n'avait
pas, au contraire, le droit de faire ce vœu, valablement,
sans l'autorisation paternelle. Et Antoine Lotti est loin
d'approuver cet engagement « inconsidéré ». Il veut marier
sa fille à Paul, il la mariera !

Plus doucement, Amata explique à la jeune fille, d'après
son propre exemple, que le mariage n'empêche pas la piété.
A son foyer, Rita pourra prier, aussi bien qu'ailleurs. Cet
état de vie, sanctifié par un sacrement, permet de faire son
salut, bien sûr !

Pourtant, il ne faudrait pas croire qu'Antoine et Amata n'aiment pas leur fille... Ni qu'ils n'aiment pas le Seigneur... Seulement, ils voient les choses d'un point de vue humain, ces gens... A mesure qu'ils avancent en âge, ils redoutent de laisser Rita sans protection, après eux... Les temps ne sont pas sûrs... Mariée à Paul de Ferdinand, elle aura sa subsistance assurée, et un défenseur à l'occasion.

Autre avantage, elle vivra près d'eux, dans une maison du village proche de la leur. Ils pourront continuer à la voir tous les jours ; elle les aidera, les soignera, jusqu'à leur dernier soupir...

D'autre part, la condition du prétendant, un peu au-dessus de la leur, n'est pas sans les impressionner un brin. Et, encore plus, son mauvais caractère. Paul est violent, rancunier. Mieux vaut être de ses amis que de ses ennemis. Si on lui refuse celle que, de loin, il a distinguée, il fera scandale devant tout le voisinage. Amata redoute des scènes de violence devant sa porte !

Cela promet... Pauvre Rita !

***

Les jours ont passé... Rita voit, dirait-on, le ciel se fermer. Elle ne perd pas confiance, oh non ! Mais le temps travaille contre elle... Son espoir s'amenuise à chaque nouvelle entrevue. Car, ce fiancé, il a bien fallu accepter de le voir, depuis qu'Antoine Lotti lui a donné son accord. Pour le recevoir dignement, non seulement Rita doit orner la maison, cuisiner longuement, mais encore, il lui faut se parer en son honneur. Où est le temps où elle refusait les rubans offerts par Amata ? Son fiancé lui a fait porter, selon la coutume, d'abord par trois femmes, puis par trois hommes, des pains, de menus bijoux et des ceintures. Il faut bien qu'elle les accepte, qu'elle les arbore quand il vient la voir...

Est-il aimable, au moins, avec elle ? Autant que le lui permet son caractère violent et autoritaire... Mais, ses moindres propos dénotent l'esprit de domination, naturel chez un homme, à l'époque, certes... Plus marqué cependant chez lui que chez d'autres :

— Quand nous serons mariés, nous ferons ceci... Vous ferez cela... Je ne veux pas que...

Et l'on dit qu'il n'a pas renoncé à fréquenter les cabarets, ni les filles « de rien » que l'on y rencontre...

Pourquoi Rita ne peut-elle pas échapper à son sort ? Elle pleure, la nuit, dans sa paisible alcôve qu'elle devra bientôt quitter...

***

Cependant, peu à peu, elle se demande si ce sacrifice total auquel elle aspire depuis si longtemps pour s'unir à la Passion du Christ ne doit pas prendre cette forme étrange, plutôt que celle de la vie religieuse qu'elle avait envisagée. Pourtant, cette vocation lui semblait certaine, solide, impérieuse...

Elle ne sait pas encore que, parfois, Dieu écrit droit avec des lignes courbes...

3

LA FEMME SANS RANCUNE

Le jour du mariage a bien fini par arriver... Rita, charmante sans le savoir dans sa tenue d'épousée, prononce gravement le « *oui* » qui engage son avenir.

Pour cette cérémonie, qui se déroule, selon la tradition, devant vingt témoins officiels choisis par le marié – dix hommes et dix femmes –, Paul de Ferdinand a voulu paraître à son avantage. Son costume, son maintien, justifient les exclamations louangeuses de ses quelques partisans : « Quel fier lion ! » Il fait même des efforts d'amabilité en faveur de sa jeune femme, qui ne peut s'empêcher de se demander anxieusement : « Cela va-t-il durer ? »

Après l'échange des anneaux et la bénédiction, un premier banquet de noces a lieu chez l'époux. Seuls y sont conviés les parents et amis de celui-ci. C'est l'usage. La semaine suivante, un second repas de fête réunira à la Casa Lotti la famille et les amis de la mariée. Cette coutume, qui évite de mêler les deux clans, paraît à première vue peu fraternelle. Elle permet sans doute de couper court aux occasions de litige ou de brouille pour des questions de préséance ou de partage des frais.

Tous rites accomplis, les époux vont pouvoir commencer leur vie commune. Ne sera-t-elle pas tissée de bien des péripéties ?

***

En effet, Paul ne tarde pas à reprendre ses mauvaises habitudes. Le mariage n'y change rien. Il recommence à s'absenter de plus en plus fréquemment, à rentrer de plus en plus tard. Souvent ses vêtements déchirés indiquent qu'il s'est battu, et il est visiblement ivre. La pauvre Rita, alors, l'attend patiemment, et, sans se permettre aucun commentaire, réchauffe la nourriture, répare les accrocs. En retour, elle ne reçoit que des paroles désobligeantes, injustes par surcroît envers cette excellente ménagère :

— Cette cape est mal entretenue... Trop de sel, dans ce pâté de bécasses... Il faudrait veiller à cirer plus soigneusement mes bottes de chasse !

Un jour, le maître de maison s'en prend à certaine soupe aux herbes, qui, à son gré, revient trop souvent au menu :

— Voilà ce que j'en fais !

« V'lan !... Bing !... » La soupière en terre cuite vole en éclats, aux pieds de Rita qui n'a que le temps de se reculer...

Le lendemain, les voisines, curieuses, viennent aux nouvelles. En l'absence du mari coléreux, bien entendu :

– Qu'est-ce qui s'est donc passé, cette nuit ?

– Paul avait encore bu, n'est-ce pas ?

– Ma pauvre, si j'avais un homme pareil, je lui arracherais les yeux, pas moins !

– Ce n'est rien, répond doucement Rita. Il était seulement... un peu nerveux.

Les commères, se souvenant du vacarme entendu, ne sont pas dupes. Mais elles ne peuvent s'empêcher d'admirer tout bas la dignité de celle qu'elles ont surnommée : *la femme sans rancune.* Et plus d'une, à son exemple, s'efforce de se montrer douce et patiente dans son propre ménage.

Il est vrai, du reste, que Paul de Ferdinand n'est pas entièrement méchant. On l'a même vu faire preuve de générosité à l'occasion : quand il était de bonne humeur, ou que la fortune venait de lui sourire, et qu'un mendiant croisait son chemin. Il sait aussi, quand il le faut, soutenir ses amis. Mais, à la maison, comme il se montre difficile à vivre ! Rien n'est jamais fait à son gré. Maintenant, dans ses accès de fureur, il s'emporte jusqu'à frapper Rita.

Antoine et Amata reçoivent chaque jour la visite de leur fille. Ils ont bien remarqué ses yeux rougis, ses bras meurtris, malgré les efforts qu'elle fait pour les leur cacher.

Quand ils essaient de l'interroger, elle répond évasivement :

— Mais non, père, tout va bien... Mais oui, maman, je suis en bonne santé. Ce n'est qu'un accès de fatigue...

Ils sont âgés, elle ne veut pas les inquiéter. Mais les voisines sont moins discrètes, et les deux vieillards commencent à se demander si, croyant bien faire, ils n'ont pas préparé le malheur de « la petite »...

**

Cependant, Rita continue à réconforter et à secourir les gens de son village lorsqu'elle les voit dans la peine ou dans la gêne. Ses moyens lui permettent de donner, au point de vue matériel, un peu plus qu'auparavant. Mais elle donne « beaucoup plus » en se privant elle-même. Surtout, elle donne son temps, son attention compréhensive, son cœur, en un mot.

Depuis le jour de ses fiançailles, elle a également formé un projet aussi audacieux que généreux : ramener Paul à de meilleures dispositions, à une conduite plus raisonnable, à la foi de son enfance.

« Quelle idée insensée ! », ne manquerait-on pas de s'exclamer autour d'elle si ses proches connaissaient ses pensées secrètes. Aussi se garde-t-elle bien d'en parler, même à ses parents ou à ses amies d'enfance. C'est à Dieu seul qu'elle confie cette entreprise, en appuyant ses prières par bien des sacrifices cachés. Paul étant souvent absent, cela lui facilite les choses. Quand il est au logis, il ne remarque pas, ou feint de ne pas remarquer, les traits cernés de son épouse, son visage amaigri par les privations. Il mange hâtivement, toujours pressé de repartir. Rita le sert, elle prendra son « repas » plus tard, seule. En réalité, elle s'alimente à peine, fait par an trois carêmes au lieu d'un seul, multiplie les pénitences...

Tout cela, sans cesser de se montrer aimable, de se parer, comme le veut son état de femme mariée. L'Evangile ne recommande-t-il pas : « Quand vous jeûnerez, parfumez-vous, et souriez, afin que nul n'en sache rien ? »

Au Père des cieux, à qui elle offre silencieusement ses sacrifices, Rita confie la même intention que celle qui fut chère à une autre chrétienne douloureuse d'autrefois, Monique, la petite Africaine : la conversion de son mari. Celui de Monique était païen, par surcroît, et faisait le malheur de son foyer. La future mère de saint Augustin obtint cependant la grâce demandée. Pourquoi n'en irait-il pas de même pour la petite Ombrienne ? Quant à la maternité ?

**

— Alors, Rita, c'est pour quand, ce bébé ?

— Encore deux mois d'attente...

— Paul va peut-être s'adoucir, quand il sera là...

33

La jeune femme ne relève pas cette réflexion d'une voisine. Alourdie par sa future maternité, fatiguée par les privations qu'elle continue de s'imposer, elle poursuit son chemin vers quelque détresse cachée. Le vent d'été joue avec les herbes folles sur le sentier de montagne où elle s'engage maintenant. Les cimes rocheuses se découpent sur le bleu du ciel. Il fait bon vivre ce matin...

« C'est vrai », pense Rita. Paul devient moins violent depuis quelque temps. Quand il sent monter la colère, il sort, marche au grand air, revient apaisé. Depuis, surtout, qu'il espère un fils.

Elle ne sait pas que son mari, malgré lui, a fini par s'émouvoir de sa douceur, de sa fermeté dans le devoir. La femme choisie naguère pour son charme juvénile uniquement, lui apparaît maintenant avec sa vraie valeur : celle de l'âme. Et la future paternité n'a fait que renforcer en lui ces dispositions nouvelles. Rita constate seulement les faits, et continue de prier...

Antoine et Amata Lotti n'auront pas la joie de connaître leurs petits-enfants. A peu d'intervalle, ils s'en sont allés tous deux vers la récompense promise à leur longue vie de labeur et de générosité. Toutefois, ils ont eu le temps de constater que leur fille semblait moins tourmentée qu'au début de son union. De Là-Haut, eux aussi doivent l'aider, sans doute...

Et puis, un beau matin, surprise !... Ce sont deux beaux garçons qui arrivent ensemble au foyer des Mancini. Paul se trouve comblé dans ses rêves de descendance, et Rita dans son amour maternel.

On les baptise respectivement Jacques-Antoine, et Paul-Marie. Hommages à la Vierge, à leur père et à leur grand-père !

Avec eux, la paix s'installe pour de bon dans la famille. Paul de Ferdinand ne s'irrite plus, ou presque plus, lorsque les circonstances le contrarient. Et jamais il n'en rend responsable son épouse. Celle-ci, en le voyant jouer avec les jumeaux, se sentant comprise et aimée, va-t-elle trouver un peu de bonheur dans cette vie conjugale qu'elle n'a pas choisie ?...

***

Les premiers signes inquiétants se manifestent lorsque les deux enfants commencent à marcher. C'est un soir, dans le jardin. Rita va et vient pour arroser ses fleurs, suivie des petits, qui ne sont pas encore bien solides sur leurs jambes.

— N'approchez pas... Prenez garde aux éclaboussures !

Mais c'est amusant, malgré la défense, de parcourir les allées, sur les talons de maman.

— Rita ! Je ne trouve pas ma ceinture de cuir !

Paul, du seuil, appelle son épouse à l'aide, comme le font devant un problème vestimentaire les maris de toutes les époques.

— Ne bougez pas, les jumeaux ! Je reviens...

Posant hâtivement l'arrosoir encore à demi-plein, la jeune mère se précipite vers la maison.

Trois minutes plus tard, des hurlements la ramènent au jardin, l'inquiétude au cœur, « Maman ! Maman ! » crie Paul-Marie.

Son frère, voulant soulever l'ustensile, l'a, naturellement fait basculer... sur leurs pieds à tous les deux. Furieux et trempés, ils en sont venus aux mains, s'arrachant mutuellement les cheveux ; pour l'instant, Jacques-Antoine est le plus fort, et son jumeau crie à l'aide.

A grand-peine, Rita réussit à les séparer, à les essuyer... En même temps, elle essaie de leur expliquer que l'on ne doit jamais se battre, encore moins se venger, et soupire... La violence, domptée à grand-peine chez le père, va-t-elle réapparaître chez les fils ? Sauront-ils, eux aussi, en triompher ? Comment pourra-t-elle les y aider ?

Apaisés et réconciliés, ils rient de nouveau ensemble, bien à l'aise dans leurs vêtements secs. Et Paul rit avec eux en disant avec une fierté amusée :

— Quels petits lionceaux !

Mais Rita reste soucieuse...

Le fait se renouvelle souvent, au cours de l'enfance des garçons. Quoique très unis au fond, ils aiment à se taquiner, à essayer leurs forces l'un contre l'autre, ou envers leurs camarades. Fait plus grave, ils gardent rancune à leurs rivaux, ou à leurs adversaires, lorsqu'ils n'ont pas le dessus. C'est bien loin de l'esprit chrétien que Rita essaie de leur inculquer. Maintenant, celle-ci rêve d'une petite fille, une douce bambine qu'elle pourrait modeler à son image... Hélas, la petite fille ne viendra jamais...

***

A sa place, c'est le malheur qui se prépare à entrer au foyer.

Un soir d'hiver... La tempête souffle furieusement sur Rocca-Porena ! Depuis longtemps le souper attend au coin de l'âtre. A la lueur de la bougie, Rita, jamais inactive, file tout en priant. Les jumeaux sont revenus depuis longtemps de la forêt proche où ils ont ramassé du petit bois, et cassent des bûches dans la soupente voisine. Les voilà presque adolescents, ils se rendent utiles, à l'intérieur comme à l'extérieur.

— Père n'est pas encore rentré ? demande Jacques-Antoine, en pénétrant dans la pièce.

— J'ai faim ! ajoute Paul-Marie, qui le suit. Est-ce qu'il...

Le garçon s'interrompt, en remarquant l'inquiétude de sa mère.

— Il ne tardera pas ! affirme Rita pour les rassurer, et peut-être aussi pour se rassurer elle-même.

Ce matin, Paul a été obligé de partir pour Cascia, mal-gré l'ouragan menaçant. Depuis lors, les éléments se sont déchaînés, rendant certains chemins impraticables. Ceux qui attendent le retour du père de famille essaient de se cacher les uns aux autres leur angoisse grandissante, à mesure que les heures s'écoulent...

C'est au milieu de la nuit que de grands coups sont frappés à la porte. Jacques-Antoine court ouvrir, devançant Rita, que Paul-Marie entoure instinctivement d'un bras protecteur. Elle se dégage vivement, et voit entrer Gio-vanni, un de leurs voisins. Avec lui, c'est toute la fureur de la bourrasque, qui pénètre dans la pièce bien close... La désolation aussi. L'arrivant a les vêtements couverts de boue, les cheveux au vent... Son visage bouleversé in-dique qu'il vient non seulement d'affronter les intempéries, mais de voir quelque chose de terrible...

– Paul ?... interroge Rita en se signant.

– Venez vite... Attaqué... près du Corno... Une embus-cade... Ils se sont enfuis...

– Qui ?...

– Je ne sais pas... Allons le chercher...

– Mort ?...

Le voisin ne répond pas, et baisse la tête. Vite, il re-prend sa torche, et, escorté de la pauvre femme, s'élance de nouveau au-dehors. Les garçons n'ont eu que le temps de jeter sur leur mère une mante chaude. Puis ils lui emboîtent le pas d'un peu loin, voulant veiller sur elle sans l'importuner.

Des habitants de Rocca-Porena, voyant passer les lumières du fond de leurs demeures, sortent vivement et se joignent à eux, comprenant qu'un drame s'est produit quelque part dans la nature hostile. Le triste cortège aborde le sentier qui mène à la vallée. Rita ne dit rien : elle pense à Paul, à leurs bons et à leurs mauvais jours... et prie avec ardeur pour le salut de son âme.

Giovanni s'est rapproché d'elle, et lui parle maintenant, par petites phrases courtes, hachées : « Il vivait encore... au début... Il a pardonné... et pensé à vous... à ses fils... Sa tête s'est inclinée... En train de prier... »

Sur le chagrin de Rita passe le baume d'un infinie reconnaissance envers Dieu, qui l'a exaucée : son Paul est mort en chrétien ; il a songé aux siens jusqu'à la fin... Ils se retrouveront au Paradis.

Pourtant, parvenue au terme de sa course douloureuse, elle reste pétrifiée, presque défaillante, devant le corps mutilé. Puis, fidèle à sa ligne spirituelle, elle offre ses souffrances, celles de son Paul bien-aimé, pour les unir à la Passion du Sauveur.

Derrière elle, ses fils, à qui elle a voulu épargner la vue du sang paternel, se tiennent debout, fermes et résolus. Et ils murmurent des mots indistincts, où l'on pourrait reconnaître celui de « *vengeance* ».

4

SEULE AVEC DIEU

Qui donc peut avoir tendu ce guet-apens, – car c'en est visiblement un, – à Paul de Ferdinand, qui circulait sans armes dans cette vallée déserte ? Depuis des années, il avait renoncé aux querelles, aux bagarres, s'efforçant de vivre en paix avec tous...

Mais tous ne se sentaient peut-être pas disposés à faire la paix avec lui... Dans ce pays où le sang appelle le sang, à cette époque troublée, même à travers les générations, les rancunes sont tenaces. Qui sait quelle haine pouvait lui garder la famille, la descendance, d'un ennemi d'autrefois disparu depuis longtemps ?

C'est pourquoi Rita sent une inquiétude nouvelle s'ajouter à son chagrin. Ses fils ont repris de leur mieux les tâches paternelles. Ils se montrent prévenants et affectueux. Mais, en dépit de leurs bonnes intentions, ils lui causent du souci par leur attitude volontaire, indépendante, échappent à son autorité et à ses remontrances. En eux monte un désir de vengeance qu'ils ne cherchent pas à dissimuler, et qu'entretiennent les mœurs locales, les réflexions de leur entourage. A ceux qui évoquent leur père, ils répondent sauvagement :

— Nous les « aurons », ceux qui nous l'ont tué !

— Un crime aussi lâche ne peut rester impuni...

— Assez de sang, assez de larmes, gémit la veuve. Je vous ai pourtant élevés dans des sentiments tout autres... l'Evangile défend de se faire justice soi-même... Votre père a pardonné, comme je l'ai fait... Il n'approuverait pas...

Mais les jumeaux, comme tous les jeunes, font la sourde oreille aux conseils, aux mises en garde. Ils aiment leur mère, et ils trouvent que la douceur de celle-ci ressemble trop à de la faiblesse, malgré tout...

— Est-ce possible ? répète Rita dans ses prières. Mon Dieu, vous avez aidé leur père à vaincre sa violence, ses mauvais penchants. Mais voilà que ceux-ci renaissent chez eux, en se parant de piété filiale. Vous savez bien, Vous, que mon Paul ne voudrait pas les voir devenir des meurtriers à cause de lui... Mais comment le leur faire comprendre ?...

Un jour, dans l'excès de ses angoisses, elle en arrive à formuler cette demande, paradoxale chez une aussi tendre mère :

— Seigneur, ne les laissez pas accomplir ce dessein horrible, qui grandit avec eux. Retirez-les plutôt de ce monde !

Pour Rita, en effet, seule compte la vraie perspective de l'existence, celle qui ouvre sur l'éternité. Pour éviter à ses enfants d'offenser Dieu, pour assurer leur salut, elle est prête à sacrifier une partie de leur destinée terrestre, à renoncer à la joie de les avoir auprès d'elle...

Au siècle précédent, une autre mère a déjà formulé le même souhait, au sujet d'un fils qui ne lui donnait pourtant aucun motif d'inquiétude : Blanche de Castille, parlant du futur saint Louis, aurait préféré pour lui, également, la mort au péché. La destinée du jeune roi de France devait s'accomplir entière ici-bas, pour servir d'exemple et de modèle. Qu'en sera-t-il, pour Jacques-Antoine et Paul-Marie ?

**

Quelques mois après la mort de Paul, Jacques-Antoine rentre des champs, un soir, grelottant et fiévreux. Rita le soigne de son mieux, à l'aide d'herbes et de tisanes, selon des recettes héritées d'Amata. Le garçon se plaint, s'agite sur sa couche qu'il ne quitte plus... Il maigrit, ne prend qu'un peu de lait et de miel, souffre de plus en plus...

Peu après, Paul-Marie contracte le même mal. Une épidémie, sans doute, comme il en règne tant en ce siècle où les soins sont rudimentaires, la contagion mal combattue, et l'hygiène peu développée... Les adolescents, redevenus semblables à de petits enfants, gémissent en appellant :

— Maman !... Maman !

Leur mère ne les quitte pas, veille sur eux jour et nuit, essayant de les soulager. Avec l'aide de quelques anciennes du village, elle tente d'appliquer des remèdes qui ont réussi à d'autres... Et, surtout, elle prie, elle prie sans relâche, pour que leur advienne ce qui sera le mieux pour eux. Bien sûr, elle préférerait qu'ils sortent de l'épreuve vivants et convertis.

Dieu en a décidé autrement. L'un après l'autre, ils reçoivent le Sacrement des malades, après avoir murmuré, avec difficulté, mais en posant sur le crucifix un regard plein de paix :

— ...pardonnez-nous... comme nous pardonnons... pardonnons...

— ...aux meurtriers de Père, prononce Paul-Marie, avec effort...

Et Jacques-Antoine en écho :

— ...Pas de vengeance... Le pardon...

Rita pleure à leur chevet, partagée entre sa douleur, et la consolation de les avoir détournés du mal.

Humainement, elle a tout fait pour les sauver. Maintenant, brisée, mais fortifiée par l'espérance chrétienne, elle se retrouve tout à fait seule à Rocca-Porena.

44

***

– Tiens, voilà Rita Mancini qui revient de Cascia...

– Comme elle paraît lasse et triste !

– Ce n'est pas étonnant, après tous ses deuils !

Rita avance lentement, tête baissée. De temps en temps, elle lève les yeux avec effort pour répondre à un salut amical. Elle essaie même de sourire, sans y parvenir. Non, ce ne sont pas seulement ses malheurs qui l'accablent, ce soir, mais une immense déception vient s'y ajouter.

Rentrée chez elle, sans même avaler une bouchée, elle gagne son dur matelas de pénitence et y reste prostrée... Tout en suivant distraitement du regard, par la lucarne qui ne ferme jamais, la marche des étoiles dans le ciel d'automne, elle revit par la pensée sa pénible journée.

Celle-ci commence au couvent de Sainte-Marie-Madeleine, à Cascia, en fin de matinée. Après une longue attente, Rita obtient enfin audience auprès de la Mère Supérieure.

Ayant profondément salué, selon les rites, elle prend place sur un siège que lui désigne l'Abbesse, face au bureau où trône celle-ci. Comme elle est invitée à présenter sa requête, Rita répond, sans crainte ni effronterie :

– Ma Révérende Mère, je viens vous demander la permission d'entrer à votre Noviciat.

— Mais quel âge avez-vous donc ? s'exclame la Supérieure, qui ajoute :

— Cela devra, de toute façon, être examiné en Communauté.

Puis elle lui pose des quantités de questions, prenant des notes avec un visage impénétrable.

A vrai dire, elle connaît à peu près les réponses, car elle a entendu parler de Paul de Ferdinand, de sa conversion, de sa mort tragique, de ses enfants. Et aussi des vertus de son épouse.

— Revenez cet après-midi, mon enfant, dit-elle au terme de son interrogatoire. Nous vous ferons connaître la décision du Conseil.

Ces heures d'attente et d'espérance, Rita les a passées en prières. A Sainte-Marie-de-la-Plèbe, l'église de son baptême, elle a demandé ardemment la réalisation de son aspiration à une vie plus haute. La voici de nouveau devant la lourde porte surmontée d'une croix...

Le parloir, la petite pièce nue, les révérences devant l'Abbesse...

Celle-ci, jouant machinalement avec la plume d'oie qui surmonte son écritoire, prononce alors, lentement, avec onction, des paroles qui semblent encourageantes :

— Ma chère enfant... Je ne mets pas en doute votre sincérité... Je n'ignore pas non plus votre foi... votre charité agissante... D'autre part, les épreuves que vous venez de traverser... méritent considération...

Le cœur battant, la veuve de Paul se voit déjà admise parmi les novices... Elle s'apprête à remercier Dieu dans son cœur, lorsqu'une phrase de l'Abbesse vient atténuer son enthousiasme. Peut-être s'est-elle réjouie trop tôt ?

– Cependant... vient de dire la digne Religieuse... cependant... cela ne suffit pas...

« Nous y voilà ! pense Rita, soupirant intérieurement. Il va falloir d'autres conditions... des délais... des preuves de ma vocation... Sans doute, aussi, une enquête des autorités supérieures, que sais-je ?... Je suis prête à m'incliner, à consentir à tout, à patienter autant qu'il le faudra, pourvu que j'atteigne le but final... »

– ...Cependant, reprend la Mère Abbesse, ces tribulations mêmes sont un obstacle à la réalisation de votre vœu... Un obstacle, ...comment dirais-je ?... définitif, hélas !...

La religieuse n'ose pas regarder la jeune femme, tassée sur son siège, et qui retient ses larmes... Elle déteste faire de la peine, malgré son apparence rude. Mais il faut parfois se montrer insensible...

Rita ne réalise pas ce qui lui arrive. Elle a dû mal comprendre. Toute tremblante, elle ose parler :

– Ma Mère... vous ne voulez pas dire que jamais... ?

— Vous m'en voyez aussi désolée que vous-même, mon enfant... ma chère enfant... J'aurais aimé vous accueillir... Mais notre Congrégation est réservée, depuis sa fondation, aux jeunes filles... Une personne ayant connu le mariage... la maternité... même pratiqués avec l'esprit chrétien, selon les préceptes de la Sainte Eglise. ...ne saurait y trouver sa place... L'Assemblée de nos Sœurs a été formelle sur ce point...

Voyant que sa visiteuse demeure comme assommée, la Supérieure ajoute, en esquissant un geste de bénédiction :

— Croyez bien que je suis profondément navrée, ma chère fille... Vous auriez certainement été une religieuse droite et fervente... Mais on ne peut aller contre les règlements, ni contre la coutume... Que Dieu vous garde en ce monde... Nous prierons pour vous...

L'entrevue était terminée... Rita ne sait pas encore comment elle est revenue à Rocca-Porena, guidée par son seul instinct... Elle ne voyait pas le soleil déclinant, ne sentait pas la bise mordante... Son cœur était bien trop lourd !

Et, dans la nuit, le souvenir de cette démarche infructueuse la tient longtemps éveillée, en larmes, tandis que la lune toute ronde argente le ciel d'Ombrie... comme elle argentait jadis le Mont des Oliviers lors de l'Agonie du Maître...

***

Mais ce serait mal connaître Rita que croire un seul refus capable de la décourager... Quelque temps plus tard, elle renouvelle sa demande...

La réponse est la même après une consultation – de pure forme, elle l'a senti – entre les membres de la Communauté :

– Nous ne pouvons accueillir de veuves... Nous regrettons...

L'Abbesse a senti les ravages provoqués par son refus dans l'organisme fatigué et dans le cœur las de la solliciteuse... Rita lui a paru plus maigre encore que précédemment, plus triste... Mais, chose étrange, toujours aussi résolue à poursuivre son dessein impossible.

– Ma chère enfant, lui a-t-elle dit en la congédiant, votre vocation peut s'épanouir ailleurs, peut-être... Il y a d'autres couvents, à Cascia.

Non, c'est à Sainte-Marie-Madeleine que Rita veut à toute force entrer. Elle sent obscurément que là seulement elle pourra servir le Seigneur comme il se doit. Un élan irrésistible la pousse vers ce monastère, et vers nul autre...

Une troisième fois, la pauvre femme revient à la charge, pour essuyer le même refus. Cette fois, l'Abbesse ne prend pas la peine de consulter ses Sœurs. Et elle laisse entendre qu'elle n'acceptera plus de recevoir cette veuve obstinée.

Pourtant, celle-ci sent nettement qu'elle « doit » entrer dans cette Communauté, qui la refuse impitoyablement. Les paroles de l'Evangile sont présentes à son esprit, à son cœur : « *Frappez, et l'on vous ouvrira...* »

Puisque frapper à ce vantail rébarbatif ne sert à rien, c'est vers le ciel qu'elle va se tourner. Une fois de plus... Depuis les grâces de conversion obtenues pour les siens, elle pressent que les « impossibilités » terrestres peuvent, à sa demande fervente, devenir des réalités.

Pourtant, cette fois, l'obstacle est de taille. Dieu voudrait-il lui faire comprendre qu'elle s'est trompée en se croyant destinée, de toute éternité, à la vie monastique ?

5

AU-DELÀ DE L'IMPOSSIBLE

Cependant, Rita ne se décourage pas. Elle continue à prier, à faire le bien autour d'elle. Surmontant sa déception, elle s'est reprise à sourire, et à espérer contre toute espérance.

Pour se trouver plus disponible lorsque sonnera l'heure choisie par Dieu, elle vend peu à peu tous ses biens, ne se réservant qu'un coin pour dormir, et de quoi subsister pauvrement. La somme recueillie ira à la Communauté, lorsqu'elle y entrera, si... cette Communauté, qui la repousse toujours, a bien besoin de dons. Vraiment, la veuve de Paul mérite toujours son surnom de *femme sans rancune*.

Mais Sainte-Marie-Madeleine a aussi grand besoin de vocations, pense Rita. Si telle est la volonté divine, elle y entrera, le moment venu, en dépit de la Supérieure, du Conseil des Moniales, du monde entier ! Il suffit d'attendre... La décision ne lui appartient pas.

***

Un soir, elle se trouve en prière, chez elle. L'hiver commence à sévir, une aigre bise souffle dans les branches dépouillées, hurle dans la cheminée.

Tout à coup, une voix appelle du dehors :

— Rita !... Rita !...

Interrompant son oraison, la solitaire court à la lucarne, regarde dans la rue... Elle ne voit personne... Seul, le gros olivier du jardin voisin se tord sous la rafale. Elle a cru entendre ce bruit de voix humaine, mais c'est sans doute un effet de son imagination.

Cependant, quelques minutes plus tard, alors qu'elle a repris sa prière, elle entend à nouveau, plus distinctement cette fois :

— Rita !... Rita !...

Plus de doute : quelqu'un a besoin d'elle, de toute urgence ! Une voisine en difficulté, probablement, et qu'elle n'a pas su repérer dans l'ombre la première fois.

Ouvrant sa porte, elle trouve sur le seuil un homme étrangement vêtu... Ce costume rudimentaire, fait de peaux de bêtes, ces cheveux longs, cette courroie autour des reins...? Mais oui, c'est bien ainsi que les images et les statues représentent saint Jean-Baptiste, le Précurseur... L'un des saints qu'elle implore le plus fréquemment !

Sur un signe du mystérieux visiteur, Rita, très impressionnée mais confiante, prend sa cape et le suit...

Sortant du village endormi, parmi les tourbillons de poussière que soulève la bourrasque, les voici arrivés près du rocher de Rocca-Porena. Lieu sinistre, par cette nuit sombre, où l'on devine seulement la pierre grise se dressant sur le ciel tourmenté. Jamais Rita n'y est venue après la tombée du jour...

Et voici que, soudain, la pauvre femme ne peut plus avancer... devant elle le sol s'est creusé, découvrant un précipice effrayant... Toute tremblante, elle recommande son âme à Dieu !

Elle a eu raison de recourir à la Protection suprême ! Ils sont trois, maintenant, à l'entraîner sur le chemin rocailleux qui mène à Cascia, au-delà de l'obstacle qu'elle a franchi sans savoir comment ; devant elle marchent, aux côtés de saint Jean-Baptiste, deux autres guides qu'elle reconnaît également comme des familiers de sa prière : saint Augustin, et saint Nicolas de Tolentino, tels que les présente l'imagerie populaire !

Rita reprend ses esprits un peu plus tard et constate que les trois saints ont disparu... Mais elle découvre aussi, avec une allégresse mêlée d'émerveillement, qu'elle se trouve, toutes portes fermées... à l'intérieur du monastère Sainte-Marie-Madeleine !

Cette fois, il faudra bien qu'on l'y accepte, puisque Dieu Lui-même l'y a fait conduire !

***

— Ma Mère !... Regardez !... Ma stalle est occupée !...

La petite Sœur Angélina, en dépit du silence de rigueur à la chapelle, n'a pu retenir cette exclamation voilée ! Au moment de prendre sa place pour le premier Office du matin, elle a eu la surprise d'y découvrir une inconnue vêtue en villageoise, abîmée dans une profonde oraison... Il a bien fallu qu'elle en réfère à sa Supérieure, aussi discrètement que la stupeur et l'effroi le lui permettaient.

L'Abbesse s'approche, incrédule, prête à tancer la novice mal réveillée. Mais elle doit bien se rendre à l'évidence : une femme, dont elle ne distingue pas le visage car les cierges éclairent mal la pénombre, se tient là, et semble indifférente à ce qui se passe autour d'elle...

Dans les rangs, les moniales s'agitent, chuchotent, troublées elles aussi par cet événement insolite. Appelant d'un signe la Sœur tourière, qui a la garde de l'entrée du couvent, la Révérende Mère procède à un rapide interrogatoire, à voix basse, mais sans indulgence :

— Sœur Carola, êtes-vous bien sûre d'avoir barricadé solidement toutes les issues de la Maison, hier au soir ?

La réponse arrive, claire et assurée :

— Mais oui, ma Mère ! Comme de coutume !

— Vous comprendrez que je veuille vérifier !

Le ton n'admet pas de réplique. Tête basse, la vieille religieuse, sûre d'avoir scrupuleusement assuré sa mission, suit néanmoins l'Abbesse avec un peu de crainte ; ne va-t-elle pas devoir subir une sévère pénitence pour une négligence qu'elle n'a pas commise ? Toutes les apparences sont contre elle... Car, enfin, cette femme, elle aussi l'a vue, de ses yeux vue ! Pour arriver jusqu'au chœur, il a bien fallu qu'elle passe par quelque ouverture... Comment a-t-elle déjoué les pièges des verrous et des chaînes ? On doit bien constater quelque part des traces d'effraction.

— Oh ! voyez vous-même, ma Mère ! Tout est bien barricadé, cadenassé, tel que je l'avais laissé hier... Je savais bien que...

— Il suffit, ma fille ! J'admets votre bonne foi. Allons rejoindre nos Sœurs.

A la fois soulagée et intriguée, la tourière retraverse en sens opposé les sombres corridors à la suite de sa Supérieure. Celle-ci cherche vainement à comprendre ce mystère, et sursaute en retrouvant l'intruse à la même place que précédemment. La jeune femme s'est levée, s'incline avec respect... Mais... oui... C'est encore cette Rita Mancini... cette petite veuve obstinée qu'elle a déjà découragée trois fois... et qui revient à la charge... et qui s'incruste...

Par quel moyen défiant toute logique humaine se trouve-t-elle là, où elle ne devrait pas être ?

— Comment avez-vous osé passer outre à notre refus ? demande la Supérieure d'un ton coupant.

Sa mine outragée, sa voix rude en effraieraient d'autres. Pas Rita, qui réplique simplement, comme on constate une évidence :

— Le Seigneur le voulait ainsi, ma Mère !

— Illusion de votre part !... Mais, dites-moi, qui donc, dites-moi, vous a fait entrer ici, malgré la solidité de notre clôture ?

— Saint Jean-Baptiste, saint Nicolas de Tolentino, et saint Augustin, ma Mère !

La Révérende Mère des Augustines de Sainte-Marie-Madeleine est, bien entendu, accessible au surnaturel... Mais à ce point ?... D'autre part, elle sait que cette femme a déjà fait preuve d'une forte volonté, d'un ardent désir de vie monastique... Qu'elle n'a rien d'une effrontée, ni d'une illuminée...

Un peu radoucie, elle demande de plus amples explications et emmène toute la Communauté dans une salle voisine. Rita, priée de conter en détail son aventure, le fait avec simplicité et conviction. Tout est vraisemblable, à la lumière de la foi.

— Qu'en pensez-vous, mes Sœurs ? demande la Supérieure, lorsque le récit s'achève. Voyez-vous, comme je le vois moi-même, le doigt de Dieu dans cette affaire ?

Toutes les têtes s'inclinent affirmativement. Rita, demeurée debout au milieu du cercle comme une accusée attendant le verdict de ses juges, sent qu'elle a gagné la partie. Ou plutôt, que le ciel l'a gagnée pour elle !

– Eh bien, nous n'irons pas contre la volonté divine, prononce l'Abbesse avec solennité. Rita Mancini, nous vous déclarons admise à notre Noviciat. Vous prendrez le nom de Sœur Rita. Et maintenant, mes filles, retournons à la chapelle : *Laudamus Dominum* !...

Toute la Communauté entonne le psaume de louange, puis l'office se déroule, comme chaque matin, avec un léger retard dû à « des circonstances exceptionnelles ». Au dernier rang des novices, la nouvelle venue prie avec ferveur. Pour la première fois, depuis bien des années, elle a le sentiment de se trouver enfin à son aise, là où le veut la Providence... Va-t-elle connaître pour autant un bonheur paisible ?

***

Certainement pas ! D'ailleurs, elle ne le désire pas. Depuis l'enfance, elle veut s'unir le plus intimement possible à la Passion du Christ. Dans cet esprit, elle a chrétiennement assumé les épreuves rencontrées dans le monde. Mais si elle a voulu entrer au monastère, c'est pour se rapprocher de Jésus, et non pas pour s'y mettre à l'abri des tribulations du dehors.

Pour toute postulante, même jeune, le noviciat représente un temps d'adaptation difficile : l'atmosphère feutrée, les obligations de la Communauté, les formes de piété mêmes déroutent toujours un peu l'arrivante, si fervente soit-elle. Sa personnalité, déjà formée d'une autre manière, doit se transformer, en fonction de ce qu'elle doit devenir, selon les exigences de sa vocation. Lorsque la novice est âgée de quarante ans, qu'elle a tenu sa maison, vécu une existence d'épouse et de mère, le décalage se trouve encore plus accentué entre les deux mondes...

Certes, Rita voit maintenant se réaliser son vœu le plus cher, longtemps contrarié et d'autant plus tenace ! Elle ne peut rien regretter de l'extérieur, puisque les êtres qu'elle aime sont non pas derrière elle mais dans l'avenir, près du Seigneur. C'est là qu'elle les rejoindra, dans la prière, tout d'abord...

Elle n'a jamais été attachée aux biens matériels. Sa vie passée l'a accoutumée à pratiquer ce qu'elle devra bientôt promettre solennellement.

Depuis longtemps, elle s'est accoutumée à obéir, à des parents âgés, à un époux autoritaire, aux circonstances de toute nature imposant de lourds devoirs...

L'esprit de pauvreté n'est pas inconnu à la petite Rita qui refusait les rubans, à la jeune fille qui se privait en faveur des malheureux, à l'épouse de Paul, acharnée à se mortifier en cachette.

Quant à la chasteté, Rita y a toujours été attachée. Même dans le mariage, elle a toujours donné la première importance à l'amour de Dieu. Elle a bien accepté de renoncer à l'amour humain lors de son veuvage. Pour elle, son mari n'est plus qu'une âme...

Par contre, son âge constitue un handicap plus sérieux. Elle se sent « vieille » auprès de ses compagnes, dont certaines ne se privent pas de le lui faire remarquer. Parfois, il lui semble qu'elle ne devrait pas rester là, qu'elle s'est trompée en voulant à toute force se mêler aux jeunes novices. Pourtant, les saints ne peuvent pas l'avoir induite en erreur en l'amenant à Sainte-Marie-Madeleine. Elle était bien dans le vrai, lorsqu'elle tentait de vaincre les obstacles.

Alors elle veut prendre pour elle les plus durs travaux, soulager ses Sœurs plus faibles ou moins bien portantes. Jamais, pense-t-elle, elle ne pourra les égaler, en pureté, en piété. Il est juste qu'elle compense cela d'une autre façon.

Le démon, cependant, veille... Le démon, jaloux du bien qui est en elle, des âmes qu'elle lui a arrachées, de celles qu'elle lui arrachera encore, s'il n'y prend garde !

Il lui envoie des tentations de découragement, d'orgueil, d'impureté, qu'elle n'a pas connues dans le monde.

Energique, sûre de sa vocation et de la protection divine, Rita plane au-dessus de ces misères, les traitant par le mépris. Patience, persévérance, pénitences pour mater le corps et la pensée, charité inlassable sont ses armes pour lutter contre le Malin.

Sa Supérieure, de son côté, emploie avec elle la manière forte. Impressionnée par la façon dont la novice est entrée à la Communauté, elle pressent en elle une recrue de choix, dont l'avancement spirituel et le progrès moral doivent se forger dans l'épreuve. Epreuve gratuite, parfois.

***

— Sœur Rita !

— Ma Mère ?

— Prenez cet arrosoir, et suivez-moi au jardin.

Sans mot dire, la novice s'exécute. L'ustensile, qu'elle dû remplir à la pompe, est lourd... l'allée interminable... Peut-être, intérieurement, Rita revoit-elle un autre jardin, où deux petits enfants trottinaient près d'elle dans les allées ?... Ou encore, celui de la Casa Lotti, embaumant du parfum des fleurs d'Amata ?

Elle arrive enfin devant une branche desséchée, fichée en terre, dans un coin écarté d'un parterre.

— Vous arroserez cette plante, Sœur Rita, régulièrement. Deux fois par jour : le matin, après l'Office, et le soir, avant les Vêpres. N'y manquez pas, surtout. J'y tiens !

A quoi donc peut bien servir, humainement, cette besogne insensée ?... Ce bois n'a plus de racine, c'est évident. Il va pourrir lentement, sous les gouttes d'eau inutiles...

Mais Rita, sans se poser de questions, obéit docilement. Si l'Abbesse lui commande ce travail, c'est peut-être du temps perdu au point de vue du jardinage, mais certainement pas au point de vue spirituel. Bien sûr, ce vain exercice lui apprendra la patience, la maîtrise de soi...

Quant à la branche morte, jamais elle ne reverdira...

6

RELIGIEUSE À PART ENTIÈRE

Le soleil, déjà ardent en ce début de matinée, frappe les murs blancs du cloître, jetant des rais d'or entre les arcades. Sous cette galerie, une procession s'avance en direction de la chapelle. Parmi les novices qui vont aujourd'hui prononcer leurs vœux, Rita se recueille, la joie au coeur. Enfin, après tant d'obstacles, de détours, de retards, elle va toucher au but, si longtemps poursuivi en vain. Dans quelques instants, elle sera, de fait, l'épouse de Jésus, comme elle l'est déjà de cœur !

La cérémonie se déroule avec une sobriété de rites qui en souligne la grandeur. A son tour, après ses compagnes entrées au monastère depuis plus longtemps qu'elle, Rita s'agenouille, répond, affirme, promet... Promet obéissance à la Règle de l'Ordre, à l'Abbesse, qui recueille ses deux mains jointes dans l'une des siennes, et lui pose l'autre sur la tête. Geste symbolisant à la fois, de la part de la Supérieure, autorité et protection... A travers celle-ci, c'est à Jésus que les nouvelles religieuses s'abandonnent pour toujours...

Selon la coutume, cet engagement doit avoir un témoin officiel délégué par les autorités civiles : un notaire. Celui-ci, au premier rang des assistants, suit d'un regard distrait cette scène qui est surtout pour lui simple routine professionnelle. Il murmure, bien sûr, une prière pour les nouvelles professes. Mais il ne sait pas que, cette fois-ci, son compte rendu écrit sur parchemin traversera les siècles. Pour lui, comme pour tous, celle qui se nomme désormais Sœur Rita n'est qu'une religieuse comme les autres... dans un monastère comme les autres, perdu au milieu de ces montagnes que le nom de Cascia n'a pas encore franchies...

Au milieu de la foule, des voix venues de Rocca-Porena murmurent tout bas : « C'est la veuve de Paul de Ferdinand ! » « La fille d'Antoine et d'Amata... Vous savez bien, la petite tard venue, qui me soignait si gentiment, quand elle avait quinze ans... » « Quelle idée de se faire nonne !... » « Elle en a eu du tourment avec le pauvre Paul, – que Dieu ait son âme ! – » « Et le chagrin, les deuils... » ... « Enfin, elle a trouvé un refuge, elle qui restait toute seule ! »...

Non, Rita ne vient pas ici pour fuir la solitude, ni les douleurs humaines. Elle y vient, tout simplement, parce qu'elle aime !

Pendant ce temps, quelque part dans le royaume de

France divisé et déchiré, Jehanne la Lorraine garde encore les moutons, au jardin de son père...

***

Rentrée dans sa cellule, au soir de ce jour inoubliable, Rita ne cherche pas le sommeil. Du reste, elle a depuis longtemps pris l'habitude de prolonger son oraison jusqu'à ce que la fatigue lui ferme les yeux malgré elle... Piété ardente, jointe au goût de la mortification. Cette nuit, plus que jamais, elle a besoin d'adorer, de remercier. De contempler, aussi, dans une perspective nouvelle, la Passion de son Epoux, pour la partager plus étroitement.

Lorsque, enfin, l'émotion et la lassitude la terrassent, elle est saisie d'un songe étrange.

Notre-Seigneur, apparu devant elle, soutient une échelle immense dont les degrés se perdent dans les nuées brillantes du ciel. La nouvelle professe comprend tout de suite le sens symbolique de cette vision : désormais elle devra, en s'appuyant sur le Christ, gravir les degrés de la perfection pour parvenir à l'union intime du Paradis.

Evidemment, cela ne se fera pas sans luttes ni sacrifices. Le couvent n'est pas une garantie de sainteté automatique... Il représente seulement un milieu favorable à son épanouissement, mais il faut que l'âme s'y prête. Ce qui ne se fait pas sans tiraillements. Sœur Rita se promet bien, au réveil, d'intensifier ses efforts pour s'élever peu à peu sur cette échelle spirituelle si providentiellement entrevue.

65

La Règle qui doit guider les Sœurs de Sainte-Marie-Madeleine sur le chemin de cette perfection est celle de saint Augustin. Après les persécutions d'Afrique, aux premiers siècles de la chrétienté, les ermites qui s'en inspiraient se réfugièrent en Europe, et quelques-uns vinrent notamment en Italie. Ils sont à l'origine des petits sanctuaires disséminés dans les montagnes d'Ombrie. La Règle Augustinienne s'applique aussi dans de nombreux monastères de femmes.

C'est pourquoi, à cette époque, on vénère particulièrement dans le pays saint Augustin et ses disciples. Surtout saint Nicolas de Tolentino, l'un des introducteurs de Rita au cloître. Toute petite, elle a été accoutumée à cette forme de dévotion, et se trouve donc en pays de connaissance. Ce qui ne la dispense pas d'efforts méritoires, au contraire...

En ce début du XVe siècle, la clôture n'est pas encore de rigueur dans l'Ordre comme elle le sera plus tard, après le Concile de Trente. Les religieuses peuvent sortir, se mêler aux habitants de la ville, pour secourir les pauvres et les malades. Aux marches mêmes du couvent Sainte-Marie-Madeleine, nombre de ceux-ci viennent chaque jour tendre la main ou montrer leurs plaies. Sœur Rita est l'une des plus dévouées à leur égard. Aucune détresse, physique ou morale, ne la rebute. Comme elle l'a toujours fait depuis sa jeunesse, elle se prive pour donner davantage à ceux qui ont faim, et prodigue à tous son temps, sa peine, son sourire réconfortant.

Sans pour autant négliger ses devoirs religieux, bien entendu. Quand elle n'est pas en oraison, ou à l'Office divin, elle pratique la charité, au dehors ou à l'intérieur de la Maison. Car ses compagnes sont aussi l'objet de sa sollicitude. Pour se vêtir, elle prend les habits les plus usés, comme elle garde pour elle les mets les moins appétissants et les corvées les plus pénibles. Là encore, elle sait consoler, encourager lorsqu'il le faut. Aussi lui demande-t-on souvent conseil, autour d'elle.

— Sœur Rita, deux hommes nous ont insultées au passage, ce matin, comme nous sortions de chez cette vieille aveugle, dans la ruelle près de Sainte-Marie...

— N'y prenez pas garde, mes Sœurs... Jésus aussi a été insulté, autrefois ! L'essentiel est de faire le bien.

— Ma Sœur, je tousse, je tousse... Jamais je ne guérirai... Que va devenir ma famille ?

— Rassurez-vous, mon ami. Dieu en prendra soin. Et de vous-même aussi... Tenez, prenez ce remède, il va vous aider à soigner ce mauvais rhume...

La voix est douce, la main aussi... Les pauvres gens apprennent à connaître cette Sœur si compatissante. Parmi les moniales, beaucoup l'aiment aussi et reconnaissent ses mérites. Pas toutes, cependant. Là comme ailleurs on rencontre des caractères ombrageux, des incompréhensions :

— Qu'est-ce qu'elle a de plus que nous, cette Rita ?

— Bientôt, on ne verra plus que par elle dans Cascia !

Exagération, peut-être ? Cependant, c'est vrai qu'on commence à murmurer, dans la cité, le nom de Sœur Rita. Pour le bénir, et, par là même, bénir Dieu...

***

L'intéressée s'en doute à peine. Lorsqu'il en arrive l'écho jusqu'à elle, cela ne sert qu'à la remplir de confusion. Humblement, elle veut lutter contre les imperfections, contre les mauvaises tendances de la nature, contre le démon, toujours prêt à attaquer celle qui devient, plus que jamais, son ennemie...

En cas d'assaut violent, elle va jusqu'à se brûler, se flageller. Lorsqu'on la rencontre dans les couloirs du monastère, se dirigeant vers sa cellule, et qu'une religieuse, plus curieuse qu'une autre, lui demande où elle va à cette heure, elle répond :

— Je vais me battre contre l'ennemi.

Traduisez : elle se retire pour se donner la discipline. A sa mort, on s'apercevra qu'elle porte, sous ses vêtements, un cilice renforcé d'épines. Toujours la même spiritualité : renoncement, mortification, union à la Passion du Christ. Satan finira par comprendre qu'il ne sera jamais le plus fort, et par se retirer. Mais cela va demander des années. Jamais Rita ne se décourage. Elle tient jusqu'au bout !

***

Le vœu d'obéissance ne semble guère lui coûter. Pourtant, il n'est pas certain qu'elle ne se soit jamais, intérieurement, impatientée devant certaines exigences de la vie monastique. Qui connaît le fond des cœurs ? Au milieu des novices, des jeunes Sœurs, Rita est quand même la plus chargée d'expérience. Elle a été maîtresse chez elle, a commandé à ses enfants. La voici tenue de s'abaisser en toutes choses, de solliciter une permission pour le moindre acte sortant un peu de l'ordinaire... Et à se plier à ces obligations inutiles que la Supérieure lui impose pour tremper son caractère. A commencer par cette branche de bois mort qu'elle est tenue d'arroser deux fois par jour...

Dans la chaleur lourde de l'après-midi finissant, le soleil darde ses rayons sur les plantes poussiéreuses... On entend seulement le crissement des cigales. Sœur Rita marche pesamment, bras et jambes rompus. Depuis Matines, elle a effectué tant de pas, plié tant de fois les genoux, au service du Seigneur, des pauvres, de la Communauté, qu'elle se sent lasse, lasse... Ah ! elle se passerait bien de cette corvée supplémentaire ! Il est loin, le fond du jardin... L'arrosoir pèse à son bras... Et cela, pourquoi ? Pour rien, humainement parlant. Si, pour le Devoir d'Obéissance ! « Deo Gratias ! » malgré tout.

Au détour d'une allée, elle croise deux de ses compagnes qui font les cent pas en lisant leur Office, et qui, en la voyant, échangent entre elles des regards ironiques. Ayant fait demi-tour, devant le grand cyprès, les deux Sœurs la rejoignent, la dépassent, la précèdent vers le rond-point où est planté le tronc mort. Evidemment, elles vont se trouver là, comme par hasard, pour la regarder s'escrimer en pure perte, avec son arrosoir...

Rita termine péniblement son parcours, pose un instant l'ustensile pour reprendre haleine, le ressaisit, avance de quelques pas...

Des exclamations de surprise lui font lever les yeux : Devant elle, le bois sec, encore stérile ce matin, apparaît garni de rameaux reverdis... Sur les branches gonflées de sève, des feuilles de vigne commencent à se dérouler... Le cep inutile a repris vie et devient une vigne qui portera du fruit à la saison.

Ses deux compagnes, qui ont avant elle découvert le prodige, balbutient des paroles confuses... Puis, comme deux flèches, elles s'élancent vers la Communauté, laissant choir au passage un livre d'office sur le gravier.

Quelques minutes plus tard, la Supérieure, alertée, arrive avec un grand nombre de religieuses. Toutes celles qui à cette heure ne se trouvaient pas occupées ailleurs l'ont suivie, et elle n'a pas eu le courage de les renvoyer à leurs besognes, ou à leurs prières. Une fois de plus, un chant de louanges monte vers le Seigneur !

Et Sœur Rita ? Que pense-t-elle de cette faveur divine ?

Avec son humilité coutumière, elle retient seulement la leçon d'obéissance, de confiance, de persévérance qui se dégage de ce fait stupéfiant. Pas un instant, elle ne soupçonne que ses vertus puissent y être pour quelque chose. Pour elle, une autre, à sa place, aurait obtenu le même résultat. Dès qu'elle peut s'éclipser, elle reprend simplement sa tâche à la cuisine, où elle aide la Sœur cuisinière, souffrante ce jour-là, à éplucher les légumes...

Le lendemain, on ne parle plus, dans Cascia et aux alentours, que de la « vigne de Sœur Rita ». Car la plante continue à grandir, à s'étendre... Quelque temps plus tard, des grappes, magnifiques et sucrées, pendront aux branches. La Communauté s'en régalera avec respect, et réservera la meilleure part aux pauvres. Ne parlons pas de Sœur Rita, qui n'y goûtera que par obéissance, et portera sa portion à ses protégés.

Ses méditations seront alimentées, en ces jours-là, par la parabole de la *Vraie Vigne*. Oh, comme elle voudrait, à l'exemple du Maître, attirer dans les âmes la Sève de la Grâce divine !

7

AVEC JÉSUS CRUCIFIÉ

Depuis l'époque déjà lointaine, où, sur les genoux d'A-mata, Rita envoyait des baisers au Crucifix, elle n'a jamais cessé de se sentir unie à la Passion de Notre-Seigneur. Maintenant que la voilà religieuse, elle en fait le sujet principal de ses méditations.

Au cours de l'un de ces entretiens intimes, son âme se trouve un jour particulièrement attirée par ces paroles, pourtant lues bien des fois :

« JE SUIS LA VOIE, LA VÉRITÉ, ET LA VIE ! »

Dès lors, elle va s'efforcer de les appliquer à sa piété envers le Crucifié. Oui, pour parvenir à cette perfection qui est devenue son but lors de sa Profession, elle suivra le chemin de Jésus, c'est-à-dire, le Chemin de la Croix. Sûre de trouver ainsi la Vérité, elle parviendra à la seule vraie Vie. En union avec Marie, elle va se tenir le plus près possible de la Croix, par la pensée, la prière, la contemplation, le sacrifice.

Dans sa cellule, elle a disposé en imagination plusieurs étapes de la Passion : ici, le tribunal... là, le Calvaire... Avant que cette forme de piété ne soit répandue dans l'Eglise, elle a pressenti et observé la pratique du Chemin de la Croix tel qu'il sera institué plus tard. Elle les parcourt successivement, ces stations douloureuses, avec les sentiments de compassion qu'ils suscitent en elle de plus en plus vivement. L'évocation est si poignante qu'elle se sent elle-même martyrisée avec Notre-Seigneur.

– Sœur Rita n'est pas encore levée... Serait-elle malade ? se demandent les unes aux autres les religieuses en se rassemblant avant l'Office du Matin.

« Il faudrait vraiment que ce soit grave, car elle est dure au mal ! » pense la Supérieure, inquiète. Et, vivement, elle envoie une des Sœurs à la cellule de l'absente... La messagère revient presque aussitôt, tout effarée :

– Ma Mère !... Ma Mère !... Elle est morte !... Sœur Rita est morte !... Je l'ai trouvée à terre, sans connaissance, et blanche, blanche !...

L'Abbesse se précipite et trouve en effet Rita gisant sur le sol, sans mouvement, le teint cireux... Morte ?... Non, évanouie, seulement. Près d'elle, un fouet rudimentaire, formé de chaînettes assemblées, donne l'explication de ce malaise : la discipline volontaire, trop fortement, trop longuement appliquée...

Trois fois par jour Sœur Rita se flagelle, en pénitence offerte pour les intentions qui lui tiennent à cœur : pour les défunts, puis pour les pécheurs, enfin pour tous les bienfaiteurs du monastère.

La Supérieure la transporte sur son matelas, la ranime, l'exhorte à un peu de modération dans ses mortifications. Puis, sur sa demande pressante, elle la ramène parmi ses compagnes qui s'agitent et commentent tout bas l'événement.

« Cette Rita, pourtant si effacée, sera donc toujours une occasion de surprise et de trouble ? » pense la bonne Mère en calmant énergiquement d'un geste son petit troupeau. « Elle ne peut donc rien faire comme les autres ? »

Non, Sœur Rita n'est pas une religieuse ordinaire. Et, plus d'une fois encore, elle impressionnera son entourage par des syncopes dues à son excès de rigueur dans la pénitence. Peu à peu, autour d'elle, on s'y habituera... Mais, un peu plus tard, elle va, toujours sans le vouloir, bouleverser encore plus profondément la Communauté...

**

Nous sommes en 1443. Et voici qu'une grande nouvelle se répand dans Cascia : le carême, qui va commencer, sera prêché cette année à Sainte-Marie-de-la-Plèbe par un franciscain de grande renommée, Jacques de la Marche. Celui-ci est un compagnon de Bernardin de Sienne et de Jean de Capistran, qui seront comme lui canonisés par la suite. Pour le moment, Jacques de la Marche est surtout connu pour le style nouveau, vivant, convaincant, qu'il a donné à une prédication jusque là un peu abstraite. Tout le monde, ou presque, s'empresse de venir l'entendre.

Les Sœurs de Sainte-Marie-Madeleine sont au nombre des auditeurs. Leur règle, qui leur permet de sortir pour exercer la charité, admet aussi qu'elles se joignent à certaines manifestations de piété du dehors. Dans l'église glaciale, le prédicateur, inlassable, parle pendant des heures. Tous sont suspendus à ses lèvres, et personne ne trouve le temps long, personne ne sent le froid... Surtout pas Rita.

Le Vendredi Saint arrive. L'orateur commente, avec des expressions frappantes et des gestes véhéments, la Passion de Notre-Seigneur, en brandissant vers la foule un Crucifix. Il insiste surtout sur l'abandon dont le Seigneur est l'objet de la part des apôtres, des disciples, de la multitude des soi-disant « fidèles » de tous les temps... Et il exalte Jean et Madeleine, qui, avec Marie sa Mère, sont les seuls à lui apporter un peu de réconfort. Modèles à suivre, à imiter...

Rita est littéralement bouleversée par ce tableau, maintes fois évoqué pourtant, mais jamais en ces termes véhéments.

Elle y pense encore en remontant vers le monastère, dans le soir brumeux, après la procession qui a clos l'Office. Cette rude montée, elle l'offre en union avec Jésus sur le chemin du Calvaire... Déjà elle a dépassé soixante ans et ses forces commencent à décliner...

Cela ne l'empêche pas, au contraire, de se précipiter à la chapelle, en rentrant, et de s'abîmer en une longue méditation au pied du Crucifix. Il lui semble que les plaies saignantes sont imprimées en elle, et qu'elle en ressent la douleur. Mais elle veut aller plus loin encore :

– O Jésus, murmure-t-elle ardemment, je vous en prie, je vous en supplie, faites qu'au moins *une* de ces épines qui vous meurtrissent si cruellement le front vienne aussi blesser le mien ! Que je participe pour de bon, si peu que ce soit, à votre Passion !

Le grand Christ occupe tout un pan de mur. Sœur Rita se tient humblement devant Lui, le front incliné... Et, soudain... voici qu'une épine de plâtre, une de celles qui forment la couronne de la fresque, se détache lentement et vient se ficher dans l'os frontal de la religieuse prosternée. Le choc est rude, Rita vacille et tombe évanouie sous l'effet de la douleur et de la joie mêlées...

Elle reste là un long moment, sans que personne ne la découvré. Puis, revenant à elle dans le silence et l'obscurité, elle regagne sa cellule, où elle terminera la nuit en action de grâce...

***

Le lendemain matin, dans la pénombre de la chapelle, ses Sœurs ne remarquent pas tout de suite cette blessure insolite. Mais un peu plus tard, au réfectoire, sa voisine de table s'écarte soudain en se pinçant le nez... Les autres Sœurs, elles aussi, la regardent avec curiosité, et un certain dégoût... La plaie, en effet, s'agrandit sur son front et laisse écouler, non pas du sang vermeil, mais un pus noirâtre qui répand une odeur infecte. Encore une fois, la Supérieure est alertée.

Celle-ci commence à avoir l'habitude des aventures surnaturelles de Sœur Rita. C'est pourquoi, l'ayant questionnée en particulier, elle n'hésite que très peu à la croire... D'ailleurs, la preuve est là. Seulement...

Seulement, la vue et l'odorat des autres religieuses se trouvent bientôt incommodés par la proximité de cette plaie béante, qui est, peut-être, – certaines veulent encore en douter, – d'origine céleste, mais qui sent mauvais... Sans se cacher, maintenant, les unes se bouchent le nez à l'approche de Rita... les autres s'écartent d'elle comme d'une pestiférée... Elle doit prendre ses repas seule, au bout d'un banc, et prier à l'écart des autres.

Ce n'est pas encore assez. Il est dit qu'elle partagera jusqu'au bout les humiliations morales du Crucifié. Ce sera bientôt la mise à l'écart totale.

– Ma fille, lui dit un soir l'Abbesse, à partir de ce jour vous resterez dans votre cellule. Une de vos Sœurs vous portera votre nourriture. Aux offices, vous resterez au bas de la chapelle, et vous communierez après vos compagnes...

Elle est un peu gênée de devoir infliger à cette religieuse exemplaire ces brimades qui pourraient passer pour une pénitence imméritée. Mais elle a la responsabilité du troupeau tout entier... L'intérêt général ne doit pas être sacrifié à une situation particulière.

D'ailleurs, elle sait bien que Sœur Rita comprend, approuve, offre... L'enveloppant d'un regard bienveillant, où l'on pourrait déceler une compassion mêlée d'admiration, elle retourne, courbée sous le poids des ans et des soucis, vers les devoirs de sa charge... Cette charge, au couvent Sainte-Marie-Madeleine de Cascia, en cet an de grâce 1443, n'est évidemment pas de tout repos !

***

Quelques années ont passé... Le Pape Eugène IV est mort. Nicolas V lui succède. Ce dernier entreprend l'œuvre délicate de restaurer l'Eglise, après les années de schisme, et l'exil de la Papauté en Avignon. Quoique déjà lointains, ces événements regrettables ont laissé des traces, des divisions, des ruines matérielles et morales.

Le nouveau Pape, mieux servi par les circonstances que ses prédécesseurs puisque le pays connaît une paix relative, désire maintenant attirer à Rome un grand nombre de catholiques. Il veut leur faire gagner leur salut, et mettre un peu de sainteté dans le monde au moyen d'un jubilé. Pour cela, il proclame que 1450 sera une Année Sainte, et attache une indulgence plénière au pèlerinage de la Ville Eternelle. Sous condition d'y observer quelques prescriptions particulières, visites de basiliques, et prières rituelles. Pour accueillir les pèlerins, il fait restaurer de nombreux édifices religieux, demandant notamment des fresques au peintre Fra Angelico.

Les nouvelles ne se propagent, en ce temps-là, que par des voyageurs circulant à pied ou à cheval, et les messages du Pape parviennent tardivement dans les paroisses. Celle de l'ouverture proche de l'Année Sainte finira cependant par arriver à Cascia. Elle aura des échos au couvent Sainte-Marie-Madeleine. Quelle occasion unique de voir le Saint Père et de parfaire son propre salut !

De surcroît, si la ferveur y trouve son compte, cela n'empêche pas de considérer aussi le côté humain des choses. Pensez donc ! sortir, non seulement du monastère, mais de la ville, de la province même ! Voir du pays, des visages nouveaux ! Connaître les merveilles de Rome, retrouver les traces des premiers chrétiens. Voilà de quoi susciter des rêves sous plus d'une cornette ! Pourvu que l'Abbesse se décide à envoyer là-bas une délégation ! « Et que j'en fasse partie ! » pense sans l'exprimer chaque religieuse. Rita comme les autres... Pour elle, cependant, la motivation reste purement spirituelle. Elle ne considère dans ce pèlerinage que les mérites à gagner, la bénédiction papale, la vénération des Saintes Reliques.

Sans crainte ni hardiesse, elle vient solliciter la permission de se joindre à ses Sœurs pour ce voyage. La réponse est celle qu'elle attendait :

— Ma fille... je comprends votre désir... Mais vous mesurerez, bien sûr, l'impossibilité où je me trouve de vous laisser promener dans le monde, au milieu de vos compagnes, une plaie aussi... voyante...

— ... et malodorante. Je sais, ma Mère. Cependant, si...

— La seule condition serait que vous guérissiez avant le départ... En ce cas, je ne m'opposerais plus à votre requête.

Rita ne répond pas. Mais son regard parle pour elle. Cette guérison, improbable, surtout en si peu de temps, elle ne désespère pas de l'obtenir, pour peu que Dieu veuille qu'elle aille, elle aussi, à Rome !

L'Abbesse reste songeuse... Cette petite Sœur paraît sûre de son affaire comme si elle connaissait les secrets divins ! Il est vrai que, déjà, sa simplicité confiante lui a fait obtenir tant de grâces inattendues... Sa prière, tant de fois, a triomphé de l'impossible ! Pourquoi pas cette fois, encore ?

La digne religieuse n'est donc qu'à moitié surprise lorsque, quelques jours avant la date fixée pour le départ de la délégation, elle voit un matin Sœur Rita se présenter avec un front lisse, net de toute plaie. Cette fois encore, son appel a été entendu du ciel. Une simple application d'un baume tout ordinaire a séché la blessure en peu de temps. A cette restriction près : le mal reparaîtra sitôt le retour à Cascia. Tel est le pacte que Rita a passé avec le Seigneur. Et nul ne sait qu'elle a demandé à ce que la marque *extérieure* seule, de ses stigmates, disparaisse. Pas la souffrance. Si l'épine reste invisible, la douleur lancinante est toujours là. Qu'importe ! Elle peut maintenant se mettre en route pour Rome, le cœur plein de reconnaissance.

Le petit groupe des religieuses, soulevé d'enthousiasme, franchit donc un matin le portail du monastère... pour une expédition qui lui réserve sans doute bien des émotions...

8

TOUS LES CHEMINS MÈNENT À ROME

A la tête de la petite délégation, la Supérieure de Sainte-Marie-Madeleine a placé la plus âgée, la plus sage aussi de ses filles : Sœur Rita.

Affaiblie par la soixantaine passée et par de continuelles mortifications, celle-ci va souffrir sans doute plus que les autres au cours de ce pénible voyage. Mais personne n'en saura rien... A ses fatigues personnelles viendra s'ajouter encore le souci de veiller sur ses Sœurs.

Elle organise de son mieux la subsistance matérielle du petit groupe. Mais elle ne serait pas Rita si elle exerçait cette responsabilité selon les normes humaines.

Au départ, l'Abbesse a donné à chacune une petite somme d'argent, pour faire face aux besoins de la route. A peine les clochers de Cascia ont-ils disparu de l'horizon que l'une des sœurs commence à se tourmenter :

— Aurons-nous assez pour aller jusqu'au bout ? C'est loin, Rome ! Que deviendrons-nous s'il nous arrive de manquer de victuailles ?

On passe, à ce moment, sur un pont du Corno, le fleuve familier qui rappelle tant de souvenirs à Rita. Se retournant brusquement, celle qui fut l'épouse de Paul de Ferdinand fouille dans les profondeurs de ses poches monacales, et, en extrayant les quelques pièces qui lui ont été remises personnellement... d'un geste négligent, elle les jette dans l'eau courante ! Cris de surprise et d'indignation de la part de ses compagnes :

— Oh ! Sœur Rita !

— Que faites-vous là ?

— Confiance à la Providence, répond sans se troubler celle qui deviendra « la Sainte des Impossibles ».

***

Représentons-nous ces femmes sans défense quittant soudain l'atmosphère paisible de leur monastère, de leur petite cité, pour se lancer à pied sur les grands chemins... Bouleversant leurs habitudes, exposées aux intempéries, aux accidents, aux mauvaises rencontres... Obligées, en tout cas, de marcher durant des heures, de dormir et manger au hasard d'étapes incertaines...

Au fur et à mesure qu'elles avancent, les compagnes de Rita constatent que c'est celle-ci qui a eu raison de ne pas s'inquiéter du lendemain. Les haltes se font, au gré des circonstances, dans des couvents, ou chez des particuliers hospitaliers envers les pèlerins. Parfois, cependant, il faut dormir à la belle étoile, se nourrir de peu. Jamais, toutefois, elles ne manqueront du strict minimum indispensable. Quand leurs ressources s'épuisent, arrive toujours un secours inattendu, une offre d'hébergement.

Pourtant, l'attrait du changement, de l'aventure commence à s'estomper devant la longueur et les difficultés du voyage. Chacune a apporté avec elle son propre tempérament et réagit suivant ses problèmes de santé ou de caractère. Le groupe progresse lentement, priant ou chantant des hymnes, suivant le moment. Mais, aux arrêts, il est permis de parler, et les récriminations se font jour : l'une souffre des pieds, l'autre croit voir partout des bandits embusqués... Et l'on a recours, à temps et à contretemps, à la protection, aux conseils, à l'arbitrage de Sœur Rita :

– Je n'ai plus la force de repartir, Sœur Rita...

– Sœur Rita, entendez-vous ce hurlement, dans le bois ?

Ou bien, telle ou telle se plaint de ce qu'une de leurs compagnes l'a empêchée de s'endormir, la veille au soir, en récitant ses prières tout haut...

Rita rassure, calme, offre son bras aux plus fatiguées, encourage les craintives.

D'autre part, à mesure que le temps passe, les plus jeunes religieuses auraient tendance à relâcher un peu la discipline habituelle, à bavarder inconsidérément avec leurs hôtes, ou avec d'autres voyageurs. Rita les reprend doucement, mais fermement :

— Mes Sœurs, nous devons nous conduire, hors de la clôture, comme à l'intérieur de la clôture. Faute de pouvoir nous retirer dans notre cellule, ou dans notre chapelle, retirons-nous en nous-mêmes. N'adressons la parole à autrui qu'en cas de nécessité, ou de charité... Et offrons nos incommodités à Notre-Seigneur, qui a supporté bien pire !

Elle n'en finit pas, cette route du pèlerinage... Si tous les chemins mènent à Rome, ceux de ce XVe siècle sont particulièrement tortueux, cahoteux, malaisés. Il faut gravir le flanc des monts, redescendre dans les vallées, passer les fleuves sur des ponts branlants, ou effectuer de longs détours pour trouver des gués...

Le printemps, long à s'établir, fait alterner la pluie et le soleil. Puis, brusquement, la chaleur arrive, rendant la marche de plus en plus pénible.

Enfin, par un beau soir de mai tout animé de crissements de cigales et de vols d'hirondelles, Rita et ses Sœurs arrivent sur l'une des collines dominant la Ville Eternelle. Spontanément, elles entonnent en chœur un chant d'action de grâce pour remercier le Seigneur de les avoir conduites à bon port !

Quelques-unes voudraient pénétrer tout de suite dans

la Cité à peine entrevue. Elles ont hâte de commencer leur pèlerinage, maintenant qu'elles touchent au but. Rita, si elle était seule, s'élancerait immédiatement vers les sanctuaires, fût-ce sur les genoux ! Mais, consciente de ses responsabilités, elle tient à ce que ses compagnes se reposent, se restaurent, avant d'affronter la cohue et les fatigants exercices du Jubilé. Sans peine, elle trouve un monastère ouvert aux pèlerins, où chacune se refera des forces en attendant le lendemain.

***

Les religieuses de Cascia entrent dans Rome par la Voie Flaminia. Elles ont eu auparavant une vue d'ensemble de la ville immense. Evidemment, la coupole de Saint-Pierre n'existe pas encore, puisque la Basilique n'est formée que de cinq nefs de construction ancienne qui seront remplacées plus tard par un nouvel édifice plus majestueux. Toutefois, telle qu'elle est, cette grande église impressionne énormément les voyageuses. C'est là qu'elles vont pénétrer en premier lieu, pour y commencer leurs dévotions par une prière au tombeau du chef des Apôtres.

Avec une indicible émotion, elles s'approchent de cette dalle sacrée. Malgré la longue attente, le piétinement, elles apprécient la grâce qui leur est faite, au bout de tant de peines : se replonger à la source de l'Eglise, retrouver le souvenir, la trace des saints et des martyrs. Rita, en particulier, mesure mieux ainsi la solidité du lien tissé entre Jésus Crucifié et son peuple de la terre.

Mais ce qui va la toucher au cœur, la transporter d'amour et de douleur, ce sont les Instruments de la Passion, exposés à Saint-Pierre à l'occasion du Jubilé.

Elle défaille presque en contemplant avec effroi la lance qui servit à un soldat romain pour percer le côté du Crucifié afin de vérifier s'il était bien mort.

— Oui, Seigneur, murmure-t-elle tout bas, oui, vous avez réellement donné votre Vie, dans des supplices affreux ! Pour nous... Pour moi...

Cette souffrance, elle y participe plus que jamais, car l'épine, qui la transperce toujours en secret, lui cause à ce moment des élancements plus douloureux que jamais! Tout naturellement, Rita se met à méditer sur le Mystère de la Rédemption, sans voir les pèlerins qui la pressent d'avancer, ni ses compagnes qui la tirent par la manche, en chuchotant :

— Sœur Rita... Nous ne pouvons pas rester ici... On nous pousse... Nous gênons le passage...

Enfin, revenant à la réalité, elle suit les autres et se trouve devant une autre relique plus émouvante encore que la première : le Voile sur lequel Véronique, en retour de sa compassion, vit s'imprimer les traits sanglants du Sauveur.

Nouveau déchirement. Tempéré cette fois par la pensée du réconfort offert à Jesus par cette humble femme qui, elle, avait su aimer, au milieu de tant d'abandons... Mais la pensée de ce Visage en sang la hante. Maintenant qu'elle a « vu », ses oraisons vont prendre une autre dimension. De nouveau, l'épine la blesse cruellement, la blesse jusqu'au cœur.

Le pèlerinage se poursuit, au milieu d'une affluence toujours plus considérable. Les religieuses de Cascia continuent, les jours suivants, les visites de sanctuaires : Saint-Jean-de-Latran, Sainte-Marie-Majeure, Saint-Paul-hors-les-Murs. Autant de communions ferventes, autant d'occasions de prier longuement ! Mais aussi, que de pas, de démarches, de bousculades, d'attentes parmi des files interminables ! Le soleil commence à chauffer fortement, dans la cité poussiéreuse. Rita accepte courageusement, pour elle-même, ces inconvénients. Elle ne sait plus si elle a chaud, si elle a faim, si ses jambes lui font mal, tant la ferveur l'emporte sur les considérations humaines. Seulement, elle n'oublie pas ses compagnes, moins stoïques qu'elle-même. Quoique endurcies par le voyage, celles-ci donnent des signes de fatigue, de faiblesse. Il faut donc prendre soin d'étaler les allées et venues, les exercices de piété, afin de leur donner un peu de répit...

***

Les moniales de Cascia tiennent, naturellement, à recevoir la bénédiction du Saint-Père. De l'audience publique à laquelle elles ont eu le bonheur de prendre part, elles vont rapporter au couvent des grâces spirituelles pour toute la Communauté.

Elles ne sauraient quitter Rome sans avoir admiré les principaux monuments que l'on y trouve alors. La Renaissance n'a pas encore suscité les merveilles artistiques qui en feront plus tard la gloire au point de vue esthétique. Mais, par cela même, le souvenir des premiers chrétiens, ceux du temps de l'ombre et de la persécution, y demeure intact, dans leurs sanctuaires plus ou moins délabrés. On y prie comme aux débuts de l'Eglise dans une atmosphère à la fois familière et surnaturelle.

Dans les Catacombes, on respire le même air que tant de fidèles de jadis, obligés de se cacher pour célébrer le culte du vrai Dieu. On peut suivre les pas sanglants de ceux qui, traqués sans merci, furent emmenés vers le Colisée... Oh! cette arène tragique, qui vit périr, au milieu des supplices, hommes, femmes, enfants, coupables seulement d'avoir aimé Jésus ! La petite Sœur qui, en route, avait peur des animaux de la forêt, frémit d'horreur, à l'évocation des bêtes fauves déchaînées. Toutes unissent leurs peines, leurs efforts, leurs renoncements, à ceux de tous ces chrétiens héroïques qu'on propose en exemple à leur piété.

Au milieu de cette foule, personne ne remarque, bien sûr, cette Sœur Rita que rien ne distingue de la masse. Avec les autres pèlerins, elle avance, arrête sa marche lente, s'agenouille, se relève. Elle participe aux offices, écoute les prédications, se signe, répond aux prières communes... Comme tout le monde. Son visage seul trahit par instants l'intensité de son émotion intérieure. Mais qui donc, dans un pèlerinage, remarque le visage d'une religieuse parmi ses compagnes ?

Seules, peut-être, celles-ci ont capté par moments un fugitif rayon de ferveur profonde... Elles sont trop prises elles-mêmes par tout ce qu'elles voient et ressentent pour s'en préoccuper longtemps. Et puis, Sœur Rita n'a-t-elle pas toujours été un peu mystique ?

Les religieuses de Cascia reviennent à Saint-Pierre peu avant leur départ, pour une cérémonie solennelle qui ne fait plus partie des exercices du pèlerinage : la canonisation solennelle du franciscain Bernardin de Sienne. Chants, lumières, panégyrique du nouveau saint, hautes personnalités en grand apparat ! Jamais elles n'avaient rien vu de pareil.

Au milieu de ces splendeurs, les pas discrets de Rita n'éveillent que de faibles échos sous les voûtes de pierre. Elle se tient humblement derrière un pilier, pour suivre avec ferveur cette célébration qui donne déjà un aperçu du Paradis.

Elle est loin de se douter que, quelques siècles plus tard,

c'est pour elle que sonneront les carillons, que brilleront les cierges, que seront chantées des prières reprises par des milliers de voix. Oui, pour la petite religieuse des montagnes d'Ombrie, devenue sainte Rita, portée sur les autels à son tour !...

Pour le moment, il n'y a dans un coin de l'immense nef que l'humble Sœur Rita. En dépit de tout son courage, elle pense maintenant au chemin qui reste à parcourir pour regagner Cascia. Et le couvent Sainte-Marie-Madeleine lui paraît lointain, lointain...

9

UNE VEILLEUSE DANS LA PÉNOMBRE

Sur les routes qui les ramènent à Cascia, les religieuses marchent de nouveau, en priant et en chantant. Mais, aux heures de détente, elles ne manquent pas de sujets de conversation ! Ceux-ci sont trop nombreux peut-être aux yeux de Rita, qui voudrait, telle la Sainte Vierge, « conserver en silence toutes ces choses dans son cœur ». Elle peut toutefois difficilement empêcher ses compagnes d'échanger entre elles leurs impressions, leurs réflexions.

Et puis, aux étapes, on les interroge. Ceux qui n'ont pas eu le privilège d'accomplir ce pèlerinage leur demandent de raconter, de décrire... Elles manqueraient à la charité si elles s'y refusaient. La lumière ne doit pas rester sous le boisseau.

Il en est de même à Cascia lorsqu'elles retrouvent enfin leur monastère. Les grâces rapportées de Rome rejaillissent en quelque sorte sur toute la Communauté. Les fidèles qui reviennent de la Ville Eternelle sont, en ces temps de voyages malaisés, l'objet d'une haute considération. En France, au début du siècle, la mère de Jehanne d'Arc, ayant pu s'y rendre, ne fut-elle pas connue jusqu'à la fin de sa vie sous le nom d'« *Isabelle Romée* » ? Si les termes employés en Ombrie sont différents, le prestige n'en est pas moins grand !

Rita n'en a cure. Sur l'ordre de la Supérieure, elle a, devant les Sœurs demeurées à Sainte-Marie-Madeleine, relaté ce qui lui paraissait essentiel. Pour elle, l'essentiel, c'est le point de vue strictement spirituel. Ses auditrices, cependant, sont avides d'autres détails, qu'elle laisserait volontiers dans l'ombre. L'Abbesse, heureusement, pose elle-même des questions complémentaires, et permet à ses filles de l'imiter. Celle-ci ne s'en privent pas.

— Décrivez-nous la Basilique Saint-Pierre, Sœur Rita.

— Y avait-il beaucoup d'étrangers, à Rome ?

— Parlez-nous du Saint-Père...

Rita répond de son mieux. Puis, ayant dit ce qu'elle avait à dire, elle retourne, sitôt libérée, se recueillir dans sa chère cellule. Ses compagnes de voyage, elle le sait bien, s'empresseront de relater, aux récréations, les péripéties secondaires du voyage et du séjour.

En effet, on entend bientôt, dans les groupes, des phrases comme celles-ci :

— ...oui, mes Sœurs, dans le Corno !

– ... la Providence, en effet... veillé sur nous.

– ... La chaleur ! Intenable...

– ... toutes ces marches !

– ... Inoubliable !

Sœur Rita passe, sans paraître entendre... Depuis qu'elle a vu les reliques de la Passion, elle multiplie pénitences et oraisons, avec l'impression que, jusque-là, elle ne savait pas vraiment aimer !

Peu de jours après son retour, elle constate que ses Sœurs recommencent à s'écarter d'elle. Portant la main à son front, qui n'a jamais cessé d'être douloureux, elle sent que l'épine a reparu, et que le pus recommence à couler. Déjà l'atmosphère, autour d'elle, recommence à se trouver empestée par la terrible odeur...

Sœur Rita ne s'étonne pas. Elle se réjouit, au contraire, de se voir une fois de plus exaucée. Son voyage à Rome entrait bien dans les vues de la Providence sur elle. Mais autour d'elle, on s'étonne, on murmure... Les unes affirment qu'« elle n'est pas si sainte que cela », puisque la voilà de nouveau disgraciée. Les autres soutiennent que ce fait signifie que le Seigneur veille attentivement sur elle, et lui a envoyé cette trêve juste à propos, pour favoriser son pèlerinage. Personne ne connaît les secrets de ses dialogues avec Dieu, et personne n'a besoin de les connaître...

Seulement, les conséquences de cette situation sont les mêmes que précédemment. Une nouvelle fois, Rita se trouve mise en quarantaine. Partagée entre le respect pour cette faveur divine manifeste, et le souci de préserver la sensibilité de ses filles, l'Abbesse la soumet pratiquement à la réclusion. Seule une petite Sœur vient, en courant, lui apporter ses repas. Plus question de lui poser des questions sur Rome. Cela sent trop mauvais, dans ce réduit !...

***

Sœur Rita, donc, peut consacrer la majeure partie de son temps à la prière et à la pénitence. Elle s'y donne avec une ardeur renouvelée par ses souvenirs de pèlerinage. Jamais encore, elle n'avait réalisé à ce point la part qu'elle pouvait, qu'elle devait, prendre à la Passion du Christ. Plus que jamais, elle se flagelle et jeûne...

D'autre part, durant le trajet et le séjour, elle a été amenée à côtoyer des gens de toutes sortes. Parmi eux, elle a constaté, ou deviné, bien des misères, tant physiques que morales. Comme elle voudrait les secourir ! Que d'âmes, surtout, en quête du salut éternel, de par le vaste monde !

Alors, puisqu'elle sent se resserrer autour d'elle le cercle de l'isolement, elle va, par contraste, élargir sa prière aux intentions de l'univers entier. Elle fera ce qui est en son pouvoir pour soulager ses frères lointains ! Tel est le rôle des religieuses et des religieux, cachés au sein des monastères. Parfois on dit d'eux au dehors, qu'« ils ne servent à rien » et feraient mieux de soigner ou d'enseigner...

Roccaporena, le village natal de Rita.

Intérieur de sa maison natale, aujourd'hui aménagé en chapelle.

La maison natale, à laquelle on a ajouté un rustique campanile.

Ci-dessus: *la fontaine aux abeilles*.

A droite, fresque du XIVe siècle: *le « Christ de l'Epine »*.

Saint-Montant, l'église du mariage de Rita, des funérailles de son mari.

Roccaporena aujourd'hui : *la maison du pèlerin.*

Page suivante : *le torrent du Corno et la ville de Cascia étagée sur la montagne.*

Monastère Sainte Marie-Madeleine de Cascia.

A gauche : *patio et fontaine.*

Ci-dessus : *la vigne de Sainte Rita.*

La pelisse de Sainte Rita, toison de brebis dont elle se couvrait au cours des rudes hivers de Roccaporena.

A droite : *la « Grotte d'or » où Rita montait prier dans la solitude.*

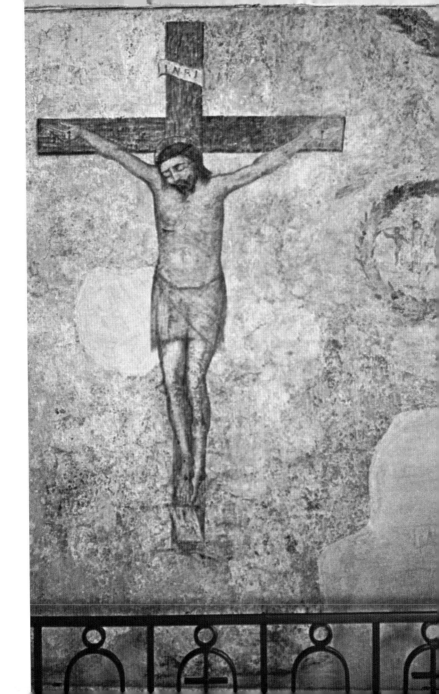

Le premier cercueil de la sainte. Les peintures ont été exécutées en 1457, l'année même de sa mort. Rita y est figurée à droite et sur le couvercle.

A droite : *le corps de la sainte, conservé mais bruni, est aujourd'hui visible dans une châsse transparente.*

Page suivante : *la bénédiction des roses le 22 mai, sur le proche de la basilique Sainte-Rita à Cascia.*

Cruelle injustice ! Oh si, ils servent, ceux qui présentent au Seigneur leurs regrets pour ceux qui ne regrettent pas, leur offrande pour ceux qui n'offrent pas ! Des Rita de Cascia, des Thérèse de Lisieux, soutiennent spirituellement l'action de ceux qui agissent dans le monde pour y remettre de l'ordre et y semer de la bonté. Tout en restant dans l'ombre, ils rayonnent intensément.

D'ailleurs, les contemporains de Sœur Rita ne s'y trompent pas. Malgré son humilité, son effacement, la ville et les environs lui font peu à peu une renommée de sainteté. On raconte qu'il existe quelque part, derrière les murs de Sainte-Marie-Madeleine, une stigmatisée qui se voue à la méditation et à la pénitence. Et qu'elle obtient « tout ce qu'elle veut, du Seigneur ».

Quelques-uns des mendiants assidus à la porte du couvent l'ont aperçue, sans doute... Et ses compagnes n'ont pas été sans parler d'elle, plus ou moins en confidence, à des parents venus les visiter... On a rappelé aussi que jadis son admission dans la Communauté s'est effectuée de façon bien mystérieuse... Des anciens ont même retrouvé, dans leurs souvenirs, des récits de leurs parents concernant la guérison miraculeuse d'un moissonneur près d'un bébé entouré d'abeilles.

A cela s'ajoutent les prodiges dont on parle maintenant ! La plaie, disparue et réapparue, n'est que l'occasion d'une renaissance de la légende dorée qui déjà se forme autour de Sœur Rita. Les uns y croient, les autres non. Mais les premiers sont les plus nombreux. Peu à peu, on voit accourir à Sainte-Marie-Madeleine non seulement les malades et les indigents, mais des suppliants de toutes conditions. Ils ont en commun le même désir : voir Sœur Rita, lui confier leurs soucis, leurs craintes, leurs espoirs... Lui demander de prier pour eux.

Mais Sœur Rita reste invisible. Surprise, d'abord, puis un peu contrariée par cette renommée qu'elle n'a pas voulue, elle veut rester humblement dans l'ombre. Ce n'est pas pour se mettre en vedette qu'elle a choisi la vie monastique. D'ailleurs, elle ne pourrait pas approcher ces gens, qui s'enfuiraient à la vue, à l'odeur de sa plaie. Et l'Abbesse ne le permettrait pas.

On lui transmet seulement les intentions des uns et des autres. A tous, elle fait répondre qu'elle priera pour eux. Ce qu'elle ne dit pas, c'est qu'elle se sacrifie, aussi, pour appuyer ses prières en faveur de ceux qui lui font confiance.

***

Ce matin, dans les petites rues montantes de Cascia, on peut remarquer une femme âgée qui fait la navette entre sa propre maison et celle de sa voisine. Une passante demande :

— Elle est toute seule ?

— Oui, sa mère me l'a confiée. Elle s'est absentée dès l'aube, sans dire où elle allait. Sans doute voir quelque guérisseur ! Elle est si mal, par moments, la poverella !

La pauvre petite, c'est une adolescente qu'on aperçoit par la porte ouverte, allongée sur un lit. Visage pâle et cheveux bruns soigneusement nattés, Francesca, dernière enfant d'une veuve, ouvre de grands yeux fiévreux. Elle a fait, dans la pauvre maisonnette, une mauvaise chute, à l'âge de deux ans. Depuis, elle ne peut plus marcher, et reste là, regardant tristement ses sœurs, ses amies, jouer, courir, sauter. Parfois des élancements douloureux lui font monter les larmes aux yeux.

Jamais sa mère ne la quitte si longtemps. Pourquoi ne rentre-t-elle pas ? Et pourquoi, en s'en allant, lui a-t-elle fait promettre de prier bien fort ?

Une heure plus tard, la maman revient d'un pas pressé, paraît au bout de la rue. Un attroupement, devant sa demeure, lui fait battre le cœur. Les pensées les plus folles tourbillonnent en un éclair dans son esprit :

— Un malheur ! Francesca, ma petite ! Je n'aurais pas dû la quitter ! Et moi qui espérais tant ! Elle aura voulu se lever... elle sera tombée... O Sainte Madone, ayez pitié de nous !

Mais... qui donc se détache du groupe agité ? Cette fillette aux joues roses, qui bondit, vole à sa rencontre, se précipite dans ses bras ?...

— Maman ! Maman ! Je suis guérie ! Tu vois, je marche, je cours !... Oh, Maman, viens danser avec moi !

Riant et pleurant à la fois, la mère l'entraîne vers l'église proche, et, de là, vers Sainte-Marie-Madeleine, en répétant, dans son émoi :

— Merci, Seigneur ! Et allons remercier aussi Sœur Rita. Je lui avais demandé de prier pour toi, ce matin ! Dieu est bon ! Vive Sœur Rita !

De toutes les maisons, de toutes les rues, jaillit une population exubérante, qui vient d'apprendre la nouvelle et qui suit les deux femmes jusqu'au portail du couvent. Frappant tous ensemble, ils alertent les religieuses, paisiblement installées au réfectoire pour leur frugal repas. Bien entendu, Sœur Rita ne s'y trouve pas. Dans sa cellule, elle jeûne et médite.

Prévenue du miracle obtenu, elle se montre à la fois heureuse et gênée, fait dire aux deux visiteuses qu'elle partage leur joie, et continuera de prier pour elles... Puis, bien vite, elle se replonge dans ses oraisons, reportant sur Dieu seul la gloire de cette guérison dont elle n'a été que le modeste instrument. Le soir même, ses Sœurs la découvriront humblement prosternée au bas de la chapelle, le front suppurant plus que jamais. Au fond de son cœur chante une vibrante action de grâce.

***

Les intercessions de Sœur Rita seront, à partir de ce moment, de plus en plus sollicitées. Plusieurs fois encore elles obtiendront des résultats, quoique moins spectacu-

100

laires que le premier, mais suffisants pour que sa réputation s'étende aux environs.

Cependant, prise entre son désir d'effacement et sa compassion pour son prochain, entre les douleurs physiques et les joies de l'âme, entre la considération du plus grand nombre et le scepticisme de quelques-uns, Rita s'affaiblit à mesure qu'elle avance en âge. Bientôt elle ne quitte plus son grabat.

On lui fait transmettre des intentions de prière, on lui recommande des enfants nouvellement nés, des mourants... Des cas plus délicats, aussi... C'est ainsi qu'un soir, ses Sœurs recueillent la supplication d'un homme dont la femme est possédée du démon... « Seule », dit-il, « Sœur Rita peut la faire délivrer du mal ! »

Combien de jours de prière, combien de jeûnes, de mortification faudra-t-il à celle-ci pour venir à bout de cet ennemi acharné ? Seul Dieu le saura !

Lorsque enfin la patiente, libérée, se présente à la porterie pour se confondre en remerciements, la religieuse, toutes forces épuisées, gît sur sa couchette, presque terrassée par cette lutte farouche. Restera-t-elle encore longtemps en ce monde ?

10

TERRE DES SAINTS

Au moment où Sœur Rita, dans son couvent de Cascia, attire par son union à Jésus Crucifié des grâces éclatantes ou secrètes sur son entourage, les âmes sanctifiées ne manquent pas, d'autre part, dans son pays.

Depuis que, un siècle plus tôt, le fils du signor Bernardone a tout quitté pour devenir le *Poverello* d'Assise, la semence a germé. Dans les différentes provinces de ce qui deviendra un jour l'Italie, on assiste, depuis quelques temps, à l'éclosion d'une véritable pépinière de saints. Les uns sont déjà reconnus officiellement, tel Bernardin de Sienne, que les Sœurs de Sainte-Marie-Madeleine ont vu canoniser à Rome. Les autres, vivants ou déjà dans la gloire, le seront bientôt.

Deux autres prédicateurs franciscains, qui vivent encore, seront, eux aussi, portés sur les autels : Jean de Capistran, et Jacques de la Marche. Le second, surtout, est bien connu des Casciens. C'est lui qui, par ses sermons enflammés, lors d'un inoubliable Carême, a attisé dans le cœur de Rita la folie de la Croix.

Peu avant la naissance de Rita Lotti s'éteignait dans la paix du Seigneur Catherine de Sienne. Cette humble religieuse, favorisée d'inspirations divines, est considérée comme un « Docteur de l'Eglise ». Elle avait reçu, entre autres, le don d'éloquence, et fut chargée de décider le Pape Grégoire XI à quitter l'exil d'Avignon pour revenir au Siège de Rome. Sa charité agissante auprès des malades et son esprit de mortification l'amenèrent, elle aussi, sur un lit de souffrances d'où son âme prit son envol vers les cimes.

D'autres grandes mystiques, Marguerite de Cortone, et Angèle de Foligno, précédèrent de peu Rita dans l'existence et dans la voie de la sanctification.

Une de ses contemporaines deviendra sainte Françoise Romaine. Toutes deux ont eu des destins presque parallèles : Françoise, riche patricienne de Rome – ce qui constitue à peu près le seule différence entre elles – fut, comme Rita, mariée contre son gré. Elle eut des enfants, devint veuve, après de nombreuses épreuves, et termina ses jours au cloître.

Il n'est donc pas étonnant que l'Esprit se plaise, maintenant, à souffler sur Cascia. De toute évidence, on parlera beaucoup l'italien, dans les Jardins du Paradis...

***

Pour le moment, Sœur Rita se prépare à son tour à achever sa course terrestre. Elle ne quitte plus son grabat, s'alimente à peine. Pour elle, comme jadis pour Catherine de Sienne, la Sainte Hostie a fini par tenir lieu d'aliment corporel en même temps que de nourriture spirituelle.

Plus que jamais, de l'intérieur comme de l'extérieur du monastère, on lui fait recommander des intentions de prières. Elle offre ses souffrances pour tous ceux qui se confient à son intercession. Pâle, décharnée, tourmentée de douleurs qu'elle dissimule de son mieux, elle n'a plus de vivant que les yeux : ses yeux bruns, brillants, tant par la ferveur que par la fièvre. C'est ce regard qui frappe les rares religieuses assez courageuses pour s'aventurer dans sa cellule, hors la Sœur infirmière. Car l'épine est toujours là, et, avec elle, *l'odeur*, la terrible odeur, s'ajoutant aux relents de la maladie...

Parfois, pourtant, quelque visiteuse venue du dehors se risque jusqu'à cette sombre retraite. Une parente, une amie, restée fidèle au souvenir d'autrefois, demande à se faire introduire. A force d'insistance, elle y réussit...

Ce matin, Rita s'est réveillée moins fiévreuse que de coutume. Elle a pu dire quelques mots au prêtre qui lui apportait la Communion. Puis, refusant toute tisane, elle a incliné la tête, joint les mains. On ne sait si elle prie, si elle dort ; l'un et l'autre, sans doute, alternativement...

105

La sensation d'une présence insolite lui fait rouvrir les yeux. Non, elle ne se trompe pas... Là, dans la ruelle étroite, respirant sans sourciller l'air confiné, c'est bien Catalina, qui se tient immobile, un peu embarrassée. Catalina, sa cousine préférée, native, comme elle, de Rocca-Porena, est souvent venue la voir au parloir. Pourtant, c'est à peine si elle reconnaît la malade, tant ses traits ont changé en quelques mois... Le mal a progressé de façon effrayante.

– Rita...

– Catalina... Tu es venue...

Les deux cousines se serrent la main. La visiteuse, malgré toute son affection, toute sa compassion, ne peut pas se résoudre à se pencher de trop près sur ce visage ravagé, qui dégage cette odeur... Rita comprend, et, loin de blâmer, sourit doucement. Voilà longtemps qu'un tel reflet n'avait pas illuminé son regard.

Elles n'échangent pas ces paroles banalement mensongères que l'on prononce trop souvent en ces circonstances pénibles. Rita se soucie fort peu d'une éventuelle guérison, sur laquelle elle ne se fait d'ailleurs aucune illusion. Elle ne vit que pour l'offrande, et dans l'attente de sa vraie patrie. Sa cousine, de son côté, connaît ses dispositions, et a deviné que l'heure approche...

Aussi se contentent-elles d'évoquer, en quelques mots, le lointain passé. Retrouvant quelques forces, Rita donne la réplique à sa parente, qui murmure doucement : « Te souviens-tu ? », en parlant des processions d'autrefois, des fleurs cultivées avec soin par Amata. La malade répond chaque fois, avec une grave douceur : « Oui, oui... »

Elle ne saurait pourtant poursuivre longtemps une conversation. Catalina le comprend vite, et bientôt, se lève :

— Je reviendrai, Rita... Repose-toi, maintenant. Tiens, voilà un peu de miel, pour adoucir ta gorge... Et, dis-moi, qu'est-ce qui te ferait plaisir, la prochaine fois ?

Encore sous l'impression de ses souvenirs d'enfance, Rita ne doit plus se rendre très bien compte de la réalité. Elle ne voit pas, sans doute, les blancs flocons qui voltigent derrière la lucarne de la cellule... Car on est au cœur de l'hiver, et la neige, en ce mois de janvier, recouvre depuis plusieurs jour Cascia et ses environs. Sans hésiter, elle répond :

— Je voudrais que tu m'apportes la rose... Celle que tu trouveras sur mon rosier...

Elle déraisonne, pour sûr ! Effrayée, Catalina, après un bref signe amical, se précipite hors de la pièce, à la recherche de la Soeur infirmière... Pour lui dire que Sœur Rita n'est pas bien... pas bien du tout... Qu'elle délire...

— J'ai pourtant pris soin de ne pas la fatiguer... de ne pas rester trop longtemps...

— Cela devait arriver, de toutes façons, répond la religieuse d'un ton rassurant. Nous arrivons à la dernière phase de la maladie. Je vais la voir tout de suite, et faire prévenir notre Mère.

Cependant, en arrivant au chevet de Rita, elle constate que celle-ci a repris sa prière, et ne semble ni plus, ni moins fiévreuse que précédemment... Et, en tout cas, parfaitement lucide... Un accès fugitif, sans doute...

***

Pendant ce temps, sur les chemins rendus glissants par la neige, Catalina retourne à Rocca-Porena. Ses pensées sont aussi sombres que le ciel d'hiver : « Pauvre Rita ! Elle perd la tête, maintenant ! Cette histoire de rose... Pour sûr, elle se croit en été... C'est bien triste d'en arriver là ! »

En arrivant au village, elle doit passer non loin du jardin qui fut celui de sa cousine. Le désir lui vient d'y jeter un regard... oh ! juste pour se rappeler le vieux temps ! Un amas de neige obstrue le sentier qui y conduit... Catalina va renoncer... Mais, soudain...

Cette tache éclatante, qui semble lui faire signe..., parmi les branches noircies et les épines flétries... Mais oui ! c'est bien une rose ! Une rose superbe, aux tons nacrés, semblable à celles qui, à la belle saison, s'épanouissent sur cet arbuste.

Avec des précautions infinies, Catalina la cueille, cette fleur au doux parfum, éclose sous la neige... Elle la dépose délicatement dans un coin de son panier rustique, sous le léger couvercle... Puis, sans prendre le temps de se reposer, vite, vite, elle retourne à Cascia !

Les Sœurs sont ébahies, en la voyant revenir dans la même journée. Et encore plus, lorsqu'elle leur montre mystérieusement ce qu'elle apporte...

Ainsi donc, Sœur Rita ne divaguait pas, quand elle demandait cette rose, « sa » rose. Par quel don de divination avait-elle eu connaissance de son éclosion prodigieuse ? La cousine repart, pour de bon, cette fois. Mais elle promet de revenir un autre jour.

Deux semaines plus tard, elle trouve Rita encore plus affaiblie, plus amenuisée, si possible, qu'auparavant. Plus question d'évoquer des souvenirs... Elle reste seulement quelques minutes... Puis, posant sur la table de chevet les confitures qu'elle a apportées, elle demande à nouveau :

– Qu'est-ce qui te ferait plaisir, la prochaine fois ?
Rita, là encore, répond tout de suite :
– Les figues qui poussent sur mon figuier !

Instruite par l'expérience, Catalina, de retour à son village, va tout droit à l'ancien verger de Rita. Il n'y a plus de neige, mais une bise glacée souffle des montagnes, le sol reste gelé, et les arbres fruitiers désespérément nus... sauf...

Sauf un certain figuier, sur lequel deux figues superbes, mûres à point, défient la rigueur de la saison !

Lorsqu'elle retourne au couvent, on l'y attendait presque, tant les Sœurs commencent à prendre au sérieux les paroles, en apparence incohérentes, de la mourante.

Car c'est bien une mourante qui, sur son lit de douleurs, reçoit avec joie les fruits miraculeux, en bénissant le Seigneur !

***

Cependant, en dépit de la gravité de son état, Rita va se prolonger quelques mois encore. Elle n'a plus qu'un souffle de vie. Mais son âme est forte.

Un soir, au milieu de sa prière, elle se voit soudain enveloppée d'une grande lueur. Est-ce le soleil ? Non. Il est couché depuis longtemps, et la lune ne brille pas encore.

Se redressant légèrement, elle voit, à la porte de sa cellule, deux silhouettes familières : Jésus de Nazareth, et Marie, sa Mère.

Rita veut s'élancer vers eux, mais retombe sur son oreiller, soupirant de regret et de désir :

— O Seigneur, O Sainte Madone ! Quand donc, mais quand me prendrez-vous enfin auprès de vous ?

— Bientôt, répond Jésus en souriant. Plus que trois jours !

Et la vision disparaît...

***

Plus que trois jours ? *Encore* trois jours ! pense Rita, qui trouve le temps long, maintenant qu'elle a entrevu la béatitude céleste.

Enfin, nous voici au 22 mai 1457. Aux premières lueurs de l'aube, le vasistas de la cellule s'ouvre sur un printemps en plein épanouissement. Mais l'air tiède et parfumé du dehors ne parvient pas à dissiper les mauvaises odeurs qui emplissent la petite pièce. Autour du lit de souffrance sont réunies la Supérieure et quelques religieuses : celles qui ont pu entrer. Les autres se pressent à la porte et dans les couloirs. Sœur Rita, sentant venir son heure, a demandé que la Communauté vienne l'assister dans la réception des derniers Sacrements.

Un remous : les moniales s'écartent, pour livrer passage à l'aumônier. Celui-ci, ayant reçu auparavant la confession générale de l'agonisante, lui apporte le Pain des voyageurs. Il va procéder aux Onctions saintes, sur les membres amaigris et le visage exténué :

– ...Que Dieu te pardonne tout le mal que tu as commis par les yeux... les oreilles... les pieds... les mains... la langue...

Du mal ? En a-t-elle quelquefois commis, celle qui ne s'est servie de ses facultés, dans le monde comme au monastère, que pour louer Dieu et servir le prochain ? Mais on n'est jamais assez purifié...

Recueillie, le cœur en paix, Rita prolonge son action de grâce... Puis, retrouvant une dernière fois quelques forces, elle demande la bénédiction de l'Abbesse, et engage ses compagnes à garder l'observance de la Règle Augustine dans ses moindres détails :

— La seule voie du salut, pour nous, mes Sœurs... Jésus ! La Voie... la Vérité... la Vie... La... Vie...

Alors, dans le ciel d'Ombrie où apparaissent les premières lueurs de l'aurore vermeille, s'élancent soudain des sons argentins. La Supérieure, qui vient de fermer respectueusement les yeux de la défunte, regarde l'aumônier... Qui donc a donné l'ordre de sonner les cloches du monastère ? Et de les faire carillonner à toute volée, comme pour une fête ? Personne. Sinon les Anges, qui, de là-haut, célèbrent l'entrée dans l'éternité de la nouvelle élue !

Une petite Sœur, d'un geste instinctif, cherche à ouvrir plus au large le vasistas. Toutes ces odeurs, auxquelles va maintenant s'ajouter celle de la mort, vont devenir insupportables.

Mais voici que, tout au contraire, se répand dans l'air un parfum suave, tandis que la plaie refermée au front de Sœur Rita brille comme une étoile... Cet assainissement miraculeux n'est-il pas une anticipation de la résurrection ?

11

BIEN ARRIVÉE AU PARADIS!

Tel est le message que les cloches envoient, de la part de Rita, vers la Communauté, vers Cascia tout entière... La blessure rayonnante, le parfum pénétrant, confirment ce « *bulletin de victoire* ».

Les religieuses de Sainte-Marie-Madeleine ne s'y trompent pas. Elles comprennent qu'elles ont maintenant une nouvelle protectrice au ciel. Pour lui rendre les derniers devoirs, elles s'empressent autour de son corps, usé par une vie de pénitence qui s'est pourtant prolongée jusqu'à l'âge de soixante-seize ans ! Elles revêtent Sœur Rita de l'habit de leur Ordre, puis la transportent dans leur chapelle, où elles ont l'intention de la veiller paisiblement, le cœur rempli à la fois de tristesse et d'espérance. Mais c'est compter sans la ferveur populaire...

***

Au son de ce carillon inattendu, les gens de Cascia ont sauté à bas du lit et sont sortis dans les rues, en se frottant les yeux et en s'interrogeant mutuellement :

— Entendez-vous ? pourquoi sonne-t-on ainsi ?

— Cela vient de Sainte-Marie-Madeleine...

— Ce n'est pourtant pas jour de fête !

Les plus curieux se sont habillés à la hâte et ont couru se renseigner au couvent. Ils reviennent bientôt, émus et excités à la fois :

— C'est pour Sœur Rita ! Sœur Rita vient de mourir...

— Vous aurez mal compris, disent les voisins, incrédules. C'est le glas que l'on sonnerait, pour un décès.

— On doit plutôt célébrer sa guérison miraculeuse... Elle a toujours été protégée...

Et l'on reparle du miracle de la rose, de celui des figues... pour n'évoquer que les plus récents. Mais les envoyés sont formels : Sœur Rita a rendu l'âme, dès les premiers rayons du soleil. Et les cloches du monastère se sont mises à carillonner spontanément !

Après tout, un prodige de plus ou de moins !... Dès cet instant, le mot *sainte* est murmuré dans la foule, comme il l'est déjà dans la Communauté. Tous se portent donc vers Sainte-Marie-Madeleine pour voir la défunte une dernière fois,... et, déjà, pour *la* prier, bien plus que pour prier à son intention.

La nouvelle s'est très vite répandue jusqu'à Rocca-Porena, où elle provoque, là aussi, une consternation mêlée de joie et de fierté. Parents et amis de Rita accourent donc à leur tour.

Voici une cousine des Lotti, assez âgée, et paralysée du bras droit depuis des années. De naturel exubérant, elle se précipite pour serrer sur son cœur son ancienne compagne de jeux. Oubliant son infirmité, elle avance le bras inerte, qui, ô surprise, reprend alors souplesse et vigueur pour lui permettre de réaliser son geste affectueux...

La miraculée, transporté de gratitude, se redresse, est gesticule des deux bras au milieu de la chapelle, pour bien montrer à tous qu'elle est guérie, en s'exclamant :

— Rita carissima ! Viva Santa Rita ! Deo gratias ! (1)

***

Cependant, au parloir, l'Abbesse confère avec les autorités civiles et religieuses locales venues s'incliner devant le corps. Voici maintenant trois jours entiers que l'âme a quitté celui-ci. Il conviendrait tout de même de prendre toutes dispositions nécessaires pour les obsèques. Pour commencer, il faut un cercueil...

(1) Rita chérie ! Vive Sainte Rita. Merci Mon Dieu !

Parmi les fidèles qui défilent toujours dans la chapelle se trouve un ancien menuisier, Cicco Barbaro, qui a dû cesser le travail à la suite d'une infirmité survenue à l'une de ses mains.

– Ah ! Sœur Rita, murmure-t-il avec regret, si j'étais encore capable d'exercer mon métier, je n'aurais laissé à personne d'autre le soin de vous fabriquer un beau cercueil de noyer !

A peine a-t-il prononcé ces mots qu'il sent des fourmillements dans sa main déformée... Celle-ci, tout à coup, a repris son aspect normal. Vite, Maître Cicco retourne chez lui, saisit quelques planches restées dans la réserve et se met à l'ouvrage. Entre ses mains, redevenues souples et actives, une caisse prend forme, et devient un cercueil, qu'il porte sans peine à l'Abbesse stupéfaite. Il tient à y placer lui-même, avec quel respect précautionneux, le corps de Sœur Rita, tout en priant bien haut pour exprimer sa gratitude. Son épouse, ses parents, ses voisins l'ont suivi et reprennent en chœur ses litanies d'action de grâce.

***

– Ding... ding... ing... ong...! Ding... ding... ing... ong...!

Cette fois, les cloches tintent lugubrement, pour la messe des funérailles. Ou plutôt, ce qui devrait être la messe des funérailles. On ne peut, en effet, guère parler de cérémonie funèbre, en dépit des marques rituelles de deuil qui entourent celle-ci. Et encore moins d'inhumation.

Tout d'abord, l'assistance est partagée entre le chagrin et une fierté admirative. Bien sûr, des sanglots montent vers les voûtes grises. Sœur Rita, qu'on ne verra plus, est pleurée de tous. Mais les cœurs sentent d'instinct qu'elle est toujours parmi les siens et veille sur eux. Et, au fond, c'est avec un certain plaisir que l'on se dit que le pays compte une Bienheureuse.

Et puis, comment mettre en terre un corps qui, à mesure que les jours passent, semble échapper à la corruption universelle ? Le cercueil, resté ouvert, présente toujours à la vénération des fidèles un corps intact, un visage et des mains jointes sans altération ni mauvaise odeur. Ah ! Dieu lui donne bien sa revanche, à la pauvre religieuse si longtemps mise à l'écart parce qu'elle était un objet de dégoût !

Alors, comme il faut préserver la défunte de toute souillure, on décide de la conserver dans la chapelle du couvent, et de l'exposer sous l'autel, près du Crucifix dont elle reçut les stigmates. Devant celle dont la tombe n'a pas voulu commence alors un défilé qui ne s'arrêtera plus. Gens de la ville et des campagnes, riches, pauvres, confondus dans une même prière, dans une même confiance, viennent l'implorer, lui conter leurs soucis, leurs espoirs :

— Sœur Rita, guérissez mon enfant !

— Sœur Rita, convertissez mon époux !

Qui donc a, pour la première fois, utilisé l'expression :

— Vous qui avez *surmonté bien des fois l'impossible...*

Nul ne le sait. Mais la formule sera reprise, adoptée, par tous ceux qui, de siècle en siècle, contribueront à faire connaître Rita sous ce vocable définitif : *La Sainte des* IMPOSSIBLES.

***

Le sanctuaire ne tarde pas à devenir trop étroit pour recevoir un tel afflux de visiteurs, de pèlerins. D'autant plus que la paix du monastère s'en trouve quelque peu troublée. C'est bien beau, c'est flatteur de devenir un centre privilégié de prières et de processions. En contrepartie, que d'allées et venues, que de bruit, que d'agitation ! Les Sœurs chargées du nettoyage ne cessent pas de balayer, de nettoyer les dalles, d'effacer les traces de pas...

— Oh ! ces gens ! Ne peuvent-ils pas essuyer leurs pieds ?

— Regardez, ma Mère, ces plaques de neige dans notre chapelle !

— Comment méditer, comment dire notre Office, dans ce bourdonnement continuel ?

D'une génération à l'autre, les moniales sont partagées entre l'honneur de posséder sainte Rita dans leur Maison, et les inconvénients de cette intrusion des laïques...

De leur côté, les paroissiens réclament. Ils voudraient que Sœur Rita repose au milieu du peuple, dans la princi-

118

pale église de la ville, où ils pourraient, en plus grand nombre, venir la voir et l'implorer.

C'est chose faite en 1595. Voilà déjà un siècle et demi que dure ce culte spontané ! Loin de s'atténuer, il ne cesse de prendre de l'ampleur. Après les cérémonies de la translation du corps, on prend l'habitude d'organiser de grandes manifestations en l'honneur de Sœur Rita. Bannières, hymnes, prières publiques, en rehaussent la solennité, principalement chaque 22 mai, anniversaire de sa mort.

Toutes ces invocations, collectives ou particulières, reçoivent souvent une réponse éclatante. Notre-Seigneur se plaît à exaucer ceux qui l'invoquent par l'intermédiaire de celle qui fut son Epouse au pied de la Croix. Des miracles se produisent, soit devant le cercueil de Rita, soit au contact de ses vêtements, ou d'objets lui ayant appartenu. Et le bruit s'en propage, de proche en proche...

***

A cette époque, beaucoup de gens ne savent pas lire, ni écrire. Mais quelques-uns savent peindre. Quelques-unes aussi, parmi les compagnes de Sœur Rita. Dès le lendemain de son décès, un pinceau resté anonyme a tenu à lui rendre hommage, en retraçant l'histoire de sa vie. Six tableaux, longtemps conservés au monastère, en représentent les épisodes marquants.

Sur le premier, on peut voir le bébé Rita souriant aux Anges et aux abeilles, au milieu de l'essaim inoffensif. Le second la représente, pénétrant, à la suite de ses trois saints protecteurs, dans l'enceinte de Sainte-Marie-Madeleine, malgré les murs et les verrous... Le troisième retrace sa profession solennelle ; elle apparaît, à la fois soumise et triomphante, recevant de l'Abbesse l'habit de professe tant désiré. Le quatrième tableau la montre à genoux aux pieds de Jésus Crucifié, tandis que l'épine vient se ficher dans son front pur. Le cinquième relate sa mort, au milieu de la Communauté prosternée. Le sixième, enfin, est l'image de ses funérailles triomphales, au milieu du peuple de Cascia.

Ces peintures, malheureusement, se détérioreront peu à peu. D'autres les remplaceront, et seront suspendues aux murs de Sainte-Marie-Madeleine, pour documenter les générations futures sur l'existence de Rita.

***

Revenons au XVIᵉ siècle. Les manifestations qui s'organisent alors spontanément devant les reliques de Sœur Rita sont l'émanation de la seule piété populaire. Les autorités du diocèse y ont, bien sûr, donné leur accord. Mais l'Eglise officielle, celle de Rome, n'a pas encore été consultée.

Il est fréquent, en ce temps-là, de voir de braves gens, morts *en odeur de sainteté*, selon leur entourage, devenir l'objet d'une vénération *sauvage*, et, parfois, excessive.

Pourtant, le cas de Sœur Rita sort de l'ordinaire. Des faits troublants, qu'on les admette comme surnaturels ou non, se sont produits dès son décès : onze miracles, déjà, dans les premiers jours qui ont suivi celui-ci. Guérisons, conversions, grâces diverses, ont répondu aux prières de ceux qui venaient lui confier leurs intentions. Certains prodiges avaient même lieu sans aucune demande, comme la reprise d'activité de ce bras paralysé, chez la cousine de Rita.

Le récit s'en est transmis, d'une génération à une autre, appuyé par les témoignages des peintres, et, aussi, des notaires, qui confirmaient officiellement les événements importants ou insolites.

C'est pourquoi, jusqu'au début du XVIIe siècle, on continue à rendre à Sœur Rita un culte de plus en plus solennel, sans se préoccuper de savoir si celui-ci est, ou non, agréé par Rome.

Mais voici que les choses vont changer. En 1623, Urbain VIII monte sur le trône de saint Pierre. Son premier soin est de se pencher sur les causes de ces *saints* plus ou moins authentiques qui foisonnent aux quatre coins de la chrétienté. Il s'agit de démêler le vrai du faux, de séparer la vérité de la légende, la piété de la superstition. Le nouveau Pape va mettre au point, avec une rigueur toute nouvelle, une procédure officielle qui doit aboutir à la suppression des abus, comme à la reconnaissance des véritables cas de sainteté.

Sœur Rita trouvera-t-elle grâce aux yeux de ce Pontife pointilleux ?

12

LE PAPE EST PASSÉ PAR CASCIA

Avec un léger soupir, Urbain VIII quitte le cabinet de travail où il mettait au point un dossier épineux. Depuis deux ans, il s'occupe avec ardeur d'examiner les cas de dévotion plus ou moins justifiée envers tant de prétendus *saints*, qui se rencontrent couramment dans le peuple. En Italie, surtout, où, avec le soutien du clergé local, on attribue, à tort et à travers, tant d'*auréoles*! Beaucoup de fidèles, de prêtres, aussi, impressionnés par l'exemple des grands devanciers, voient partout des François d'Assise ou des Catherine de Sienne. La légende, la fable viennent parfois s'en mêler, proposant en exemple des personnages dont l'existence même peut prêter au doute.

Il faudrait du temps, du calme, de la réflexion, et un travail acharné, au Pape et à ses collaborateurs, pour mener à bien ces recherches minutieuses, dans le temps et dans l'espace. On verrait alors s'il y a lieu, ou non, d'en arriver à entamer des procédures de Béatification. Or, sollicité par les devoirs de sa charge, Urbain VIII voit son temps bien morcelé. Fini pour aujourd'hui le travail personnel. L'heure des audiences a sonné !

Il passe dans la grande salle réservée à cet effet, et fait introduire la première personne inscrite. Son visage s'éclaire, en lisant son nom.

Cette visiteuse se nomme en effet Constance Barberini. Urbain VIII n'aurait garde d'oublier que, jusqu'à son élection récente, il s'est appelé Matteo Barberini. Sa nièce pourrait, certes, se présenter devant lui sans passer par les voies protocolaires. Mais cette chrétienne fervente et scrupuleuse ne veut plus voir désormais en son oncle que le Vicaire de Jésus-Christ. D'autant plus qu'elle s'adresse ce matin au Pape plutôt qu'au parent.

Après les marques officielles de respect et d'usage, Constance, invitée à présenter sa requête en toute simplicité familiale, commence, d'un ton respectueux mais décidé :

— Très Saint-Père... pardon, je veux dire : Mon bon oncle... je sais que vous vous intéressez particulièrement aux cas susceptibles de relever de la Béatification...

« Allons, quelle cause plus ou moins juste va-t-elle se mêler de soutenir ?... » se demande intérieurement le Pape.

Sans rien laisser paraître de ses sentiments, il l'encourage, du geste, à poursuivre.

— Mon oncle, j'ai lu, voici déjà quelques années, des

124

récits d'une certaine Sœur Rita, décédée en 1457, et dont les vertus...

Un sourire à la fois bienveillant et sceptique arrête l'élan de la Signora Barberini. Celle-ci, un peu décontenancée, mais tenace, reprend, après une légère hésitation :

— Oh ! je sais bien, mon oncle, que vous recommandez une extrême prudence vis-à-vis de ces jugements populaires, un peu hâtifs quelquefois... Mais, de hautes autorités ecclésiastiques ont entendu parler de cette Sœur Rita, et des miracles qu'on lui attribue. Elle paraît justifier la confiance que l'on met en elle depuis un siècle et demi... Votre Secrétaire-Majordome, Monseigneur Fauste Poli lui-même... m'en a conté long sur ce sujet.

Urbain VIII qui, jusque-là, écoutait un peu distraitement, le plaidoyer de sa nièce, commence à lui prêter une oreille plus attentive. Si son Majordome lui-même s'en mêle... la rumeur demande à être examinée de près...

— Et qui était cette Sœur Rita ?

— Une religieuse du couvent de Sainte-Marie-Madeleine, à Cascia, dans le diocèse de Spolète... Votre ancien diocèse, mon oncle, précise Constance d'une voix anxieuse et pleine d'espoir aussi.

Le Saint-Père réfléchit, rassemble ses souvenirs... Cascia ? Cascia ?... Une petite cité perdue en pleine montagne, et qu'il a visitée une fois... Oui, il se souvient, maintenant... Un pays, certes, bien pauvre, bien rude ! On doit y pratiquer l'austérité, ne pas craindre le sacrifice.

Mais cette Sœur Rita ?... En effet, il avait entendu parler d'elle lors de son bref passage... « *La Sœur à l'épine* », disait-on dans le pays... On lui attribuait des miracles, peut-être ni plus ni moins qu'à tant d'autres... Pressé par le temps, l'évêque d'alors n'avait pas pu se rendre auprès de son tombeau comme il en avait été instamment prié... Un tombeau, ou un reliquaire ?... Quelqu'un avait parlé de sarcophage, et aussi – il s'en souvient maintenant – de conservation du corps... ou bien était-ce d'embaumement ?...

Très intéressé, Urbain VIII demande à sa nièce de revenir plus longuement un autre jour en compagnie du Chanoine Poli. Et de lui raconter l'histoire de cette religieuse d'Ombrie. Lui-même, immédiatement, va faire enquêter sur place.

Avec une dernière révérence, Constance Barberini se retire, satisfaite de l'effet produit par son intervention. Et le visiteur suivant est introduit...

***

Les travaux de la Commission nommée par le Pape ont duré deux longues années. Car il s'est révélé que le cas valait en effet la peine d'être approfondi. Une délégation de Rome s'est tout d'abord rendue à Cascia. Elle était présidée par Monseigneur Pietro Colangeli, et elle a constaté, en présence de médecins et d'hommes de loi, l'inexplicable conservation du corps. Après plus de cent soixante ans !... Les officiels ont respiré le parfum délicieux qui s'en dégageait... Ils ont pris note, d'après des témoignages certifiés devant notaire, des prodiges qui s'opéraient autour de Sœur Rita. Et des récits plus anciens relatant des faits du même ordre. Sans compter les révélations murmurées discrètement par ceux qui disent avoir obtenu, par la prière devant cet autel, des grâces spirituelles...

C'est pourquoi, après avoir invoqué l'Esprit-Saint, le Pape signe, en 1628, le décret de Béatification.

Les cérémonies vont se dérouler à Cascia le 22 mai, anniversaire de la « naissance au ciel » de Sœur Rita. Parmi les très nombreux assistants, beaucoup lui doivent des bienfaits, temporels ou surnaturels. D'autres sont les descendants des premiers miraculés, ou comptent parmi leurs ancêtres des parents, des voisins de Rita. Ils ont recueilli avec ferveur des récits transmis d'âge en âge... à la gloire de la nouvelle Bienheureuse. De celle que l'on fête aujourd'hui, un grand honneur rejaillit sur la ville, sur la région entière. Aux premiers rangs se tiennent avec les notables les actuelles religieuses de Sainte-Marie-Madeleine, conduites par leur Abbesse, Sœur Lucia Cittadoni. Les habitants de Rocca-Porena sont là aussi, chacun se réclamant d'une parenté plus ou moins lointaine avec les Lotti ou les Mancini des années 1400.

La châsse trône en bonne place, au milieu du sanctuaire. Après les chants d'entrée, les hymnes, les oraisons, lecture est faite du Décret Pontifical, proclamant Bienheureuse Rita Mancini, religieuse, morte en odeur de sainteté en 1457. Puis commence un long sermon, en forme d'éloge.

Très intéressée d'abord, la foule commence à s'agiter. Il fait chaud, en mai, à Cascia ! Surtout dans cette église surpeuplée, que les portes ouvertes ne parviennent pas à rafraîchir un peu... Ce sont d'abord des murmures qui s'élèvent, puis des exclamations véhémentes :

— Ne poussez donc pas !

— Je veux voir !

— Moi aussi... Elle a guéri mon père !

— Je suis son arrière-cousine...

— Que tu dis !

— Par alliance, en tout cas !

— Et alors ?... Mais ne poussez donc pas...

On s'excite. L'un soutient sa femme, l'autre prête main-forte à son frère, qui veut bousculer ses voisins... Si bien que, malgré la sainteté du lieu, la solennité de l'heure, se produit un mouvement de foule qui risque de dégénérer en bagarre.

Tout à coup, on note dans l'assemblée un sursaut collectif, puis un silence subit tombe... L'orateur s'est arrêté de vanter les mérites de Sœur Rita, tandis que les fidèles proches du cercueil ont désigné celui-ci d'un geste effrayé. On chuchote, de rangée en rangée...

– Elle a bougé...

– La Bienheureuse Rita n'est pas contente de nous !

Effectivement, les ecclésiastiques présents dans le chœur, les notables, les religieuses, ont pu constater ce fait incroyable : dans le visage immobile depuis tant d'années, les yeux, brusquement, se sont rouverts au bruit de cette rumeur abusive. Ils fixent le bas-côté, où se tiennent les fautifs, avec une expression sévère. Immédiatement, le calme revient...

Nouveau prodige, qui sera pris en compte par la suite, lors du procès de canonisation.

***

Ce procès ne s'ouvrira cependant pas tout de suite... Trop d'événements, tragiques pour la plupart, vont secouer le monde au cours des années, des siècles qui suivront ! Guerres, révolutions, changements dans tous les domaines, agiteront les esprits, susciteront les passions, absorberont l'attention générale.

Nous voici enfin à l'aube de notre XXᵉ siècle. C'est Léon XIII qui occupe, à son tour, le trône de saint Pierre. Ce Pape auquel une enfant de quinze ans, Thérèse Martin, viendra un jour demander la faveur d'entrer sans délai au Carmel de Lisieux. Et qui lui recommandera de s'en tenir,

129

tout uniment, aux décisions de ses directeurs spirituels. C'est dire combien il se montre, lui aussi, prudent et sage.

Il a entendu parler des nouveaux miracles mis à l'actif de Sœur Rita, depuis sa béatification. Entre autres, de mouvements de son corps, semblables à celui qui eut lieu le jour de la cérémonie. Léon XIII a lu, médité, tout ce qui a trait à la Bienheureuse. Mais lui aussi, comme son lointain prédécesseur Urbain VIII, tient à s'entourer de toutes les garanties nécessaires, avant de déférer au désir de ceux qui demandent une action préparatoire à la canonisation. Résultats d'enquête, constatations, preuves et contre-preuves se succèdent au Vatican. Enfin peut s'ouvrir le procès proprement dit, où s'affrontent l'Avocat du Diable, développant les arguments « *contre* », et l'Avocat de la Défense, soutenant les arguments « *pour* ».

Souci d'honnêteté de la part de l'Eglise, qui veut peser scrupuleusement tous les éléments de son jugement.

Dans le cas de Rita, la décision intervient en 1900. Léon XIII proclame, le 24 mai, jour de la Pentecôte, que la petite religieuse de Cascia sera désormais honorée sous le nom de Sainte Rita. Et que sa fête restera fixée au 22 mai.

Elles sonnent à toute volée, les cloches de Saint-Pierre ! La basilique, rénovée, est maintenant coiffée de son dôme. Et la Ville Eternelle tout entière a pris un nouvel aspect depuis le Moyen Age. La Renaissance, les remous de l'Unité Italienne, les temps modernes sont passés par là. Quelle différence avec la cité qu'un groupe de moniales venues à pied des montagnes d'Ombrie découvrit lors du Jubilé de 1450 !

En 1900, c'est en omnibus ou en calèche que les pèlerins se dirigent vers le sanctuaire. Quelques-uns conduisent · même ces curieuses voitures sans chevaux, qui inaugurent ce qui deviendra le siècle de l'automobile. Mais les cœurs restent les mêmes. Là, autrefois, se tint un jour l'humble Sœur Rita, assistant dans l'ombre d'un pilier à la canonisation de saint Bernardin de Sienne... Au même endroit se redressent fièrement, en ce jour, d'autres gens de son pays, émerveillés et fervents comme elle l'était alors... Mais aussi des catholiques venus de toute l'Italie, des représentants du monde entier.

La rose cachée de Rocca-Porena, la religieuse reléguée dans sa pauvre cellule pour ne pas déranger ses compagnes reçoit maintenant un hommage universel. Le Seigneur, dont elle a volontairement partagé les souffrances, fait savoir publiquement qu'il lui donne part à sa gloire.

Sur l'autel, les ors étincellent, les guirlandes de lumières resplendissent... Voici que s'avance le Saint-Père, escorté des plus hauts dignitaires de l'Eglise. Après la lecture du décret de canonisation éclatent les hymnes de louange et d'action de grâce. Les accents prestigieux des chorales les plus renommées, les envolées des grandes orgues, rythmant les chants d'allégresse, les carillons s'élançant à l'assaut du ciel de Rome ! Rien n'est trop beau pour honorer celle qui vécut toujours dans l'ombre, au service de Dieu et du prochain !

Des milliers de voix, dans la basilique en liesse,... des millions de voix, à travers le monde, répètent et répéteront jusqu'à la fin des siècles l'invocation confiante, qui sera souvent un ultime recours :

SAINTE RITA DE CASCIA, PRIEZ POUR NOUS !

13

SUR LES PAS DE SAINTE RITA
À CASCIA...

Si vous avez un jour la possibilité de vous rendre à Cascia, vous vous replongerez dès les premiers pas dans l'atmosphère et dans le cadre que connut sainte Rita. Bien sûr, les conditions de vie ont changé, depuis son époque, et certains aspects matériels de l'environnement également. Mais l'essentiel demeure.

La ville vous apparaîtra étagée sur sa colline, et dominée par les flèches de ses églises. Elle s'étend maintenant, au-dessus comme au-dessous de la cité de jadis. Au cours des années, on a bâti ici, déblayé ailleurs et reconstruit plus loin. Les effets du temps, ceux des tremblements de terre, aussi, ont modifié un peu le site.

Cependant, à côté des habitations, des monuments de récente origine, vous pourrez encore admirer des coins pittoresques qui n'ont rien perdu de leur charme : pans de murs couverts de lierre, ruine de tours disparues, et même des vestiges de constructions romaines.

***

Naturellement, vous vous dirigerez en premier lieu vers
la Basilique-Sanctuaire qui garde comme un trésor le corps
de sainte Rita. Cette construction ne date que de 1947. La
ferveur de notre temps a suscité cet édifice, plus vaste et
plus moderne que l'ancien, celui de 1707. On y accède par
une rue bordée d'arcades. La façade blanche, encadrée de
deux clochetons, parle de simplicité et de paix. C'est la
croix qui forme l'armature du vitrail surmontant l'entrée,
comme elle formait aussi l'armature de la piété de Sœur
Rita. On la retrouve aussi au fronton du sanctuaire.

Par contre, l'intérieur est richement orné, par les œu-
vres de grands artistes contemporains : chemin de Croix
en marbre, fresques, tableaux prestigieux. Dans l'abside
de gauche, voici la chapelle de sainte Rita. Ici, pour lui
rendre hommage, la piété populaire a voulu faire appel à
toutes les richesses de ce monde. Rien n'est trop beau pour
celle qui recherchait toujours la dernière place. « Celui qui
s'abaisse sera élevé ! » a dit l'Evangile. Derrière une grille,
la châsse d'argent repose sur un socle de marbre sculpté,
et les colonnes du soutènement sont de cristal, tissé d'or.

Mais vous éprouverez une étrange émotion, en contemplant le plus précieux des joyaux exposés là : le corps
de sainte Rita, tel qu'il était lorsque l'âme venait de s'en-
voler aux cieux. Le visage, resté intact, seulement un peu
bruni par les siècles, a conservé son expression de paix

profonde. Les vêtements sont ceux de l'Ordre des Augustines du temps, et un voile blanc recouvre la tête.

Face à cette chapelle, dans l'abside de droite, vous pourrez en voir une autre, dédiée à Notre-Dame-de-la-Consolation. Des fresques retraçant des épisodes de la vie de Marie la décorent, et sous l'autel, une urne d'argent garde les reliques du Bienheureux Simon Fidati, lui aussi originaire de Cascia. Là encore, de prestigieux artistes ont travaillé à la gloire de Dieu et de ceux qui l'ont aimé fidèlement.

***

Vous trouverez encore le souvenir de sainte Rita, à la Collégiale Sainte-Marie-de-la-Plèbe. On y voit encore la vasque de pierre où fut puisée l'eau de son baptême. Comment ne pas imaginer le bébé Rita souriant dans les bras de sa marraine, devant la famille attendrie et recueillie. L'enfant du miracle, pensez donc, commençait son cheminement chrétien ! Dieu seul, alors, savait qu'il la mènerait jusqu'aux sommets...

Plus tard, c'est dans cette même église que, religieuse parmi les autres, et déjà mûre, elle est venue, un soir de Carême. La prédication fit sur elle une telle impression que toute sa spiritualité allait prendre un sens nouveau.

En sortant, pour prendre la route montante qui mène au monastère, vous évoquerez Sœur Rita, appuyée sur un bâton rustique, pour suivre péniblement ses compagnes, trébuchant sur les cailloux. Le cœur encore empli des douloureux mystères qu'elle venait de méditer, le corps las d'avoir marché derrière la procession de la croix, elle trouvait cependant que rien n'était trop rude pour s'unir à la tragique montée du Calvaire.

***

Le couvent vous apparaîtra, au haut de la côte, comme une grande bâtisse percée de nombreuses fenêtres. Il était plus modeste, du temps de sainte Rita, dont il porte aujourd'hui le nom, succédant à celui de Sainte-Marie-Madeleine.

Cet édifice fut endommagé au début du XVIIIe siècle par un tremblement de terre. Il fut ensuite réparé, et même agrandi, grâce au roi Jean V du Portugal. Grâce, surtout, à sainte Rita, qui obtint la guérison du souverain, et lui inspira le désir de faire, en reconnaissance, un geste généreux. C'est lui qui fit bâtir l'aile gauche.

En parcourant ce couvent, vous sentirez passer l'âme de Sœur Rita, qui, si souvent, a prié, agi, en ces lieux.

Dans ce chœur elle fut trouvée par la Communauté, au matin, toutes portes closes. Elle y a suivi bien des Offices. Dans ces couloirs, elle est passée, courant vers un devoir de charité ou de prière. Elle y a vaqué aux diverses besognes dont elle se réservait volontairement la part la plus rebutante. Elle y a rêvé du pèlerinage à Rome, implorant, pour pouvoir y prendre part, une guérison temporaire qui lui fut accordée.

Elle est revenue en ces lieux le cœur et les yeux remplis des merveilles de la Ville Eternelle, heureuse d'avoir gagné les mérites du Jubilé, d'avoir vu le Saint-Père. Et, bien sûr, soulagée d'avoir ramené à bon port à travers tant de périls le petit troupeau confié à ses soins.

Puis, les murs sombres se sont à nouveau refermés sur elle. Et, en silence, elle a recommencé à peiner, à souffrir, les yeux fixés sur le Christ immolé.

***

Vous serez admis à voir la cellule, étroite et presque sans air, où Rita méditait et se mortifiait durement. Si ces murs austères pouvaient parler, ils en auraient long à raconter, parlant de prières prolongées et de flagellations plus que de repos. Le repos ! elle en prenait si peu, Sœur Rita, sur la mince paillasse dont la réplique se voit encore dans un coin.

Cette pièce est maintenant transformée en chapelle. Là, elle a vécu en recluse ses dernières années, celles où sa plaie repoussante la faisait mettre à l'écart de la Communauté. Là, elle a vu la vie se retirer peu à peu de son corps amaigri, au cours de sa dernière maladie. Là, elle a reçu de sa parente les présents éclos par prodige sous la neige : la rose de janvier, les figues mûres.

C'est dans ce réduit que ses Sœurs, tant bien que mal, se sont pressées pour l'assister à ses derniers moments, tandis qu'un joyeux carillon saluait son entrée au Paradis. Et c'est là que, succédant à l'odeur pestilentielle échappée de sa blessure, commença à se répandre le délicieux parfum qui émane du corps préservé de toute souillure.

***

Dans cette cellule, vous verrez aussi les cercueils successifs de la sainte. Ainsi, vous pourrez mesurer la progression de son culte. Né à l'instant même de la mort, celui-ci a pris une ampleur qui n'a fait que s'accentuer au cours des ans. Les constatations successives, les transferts dans des sarcophages toujours plus ornés en sont un témoignage émouvant.

Tout d'abord, voici la *Cassa Umile*, l'humble caisse de bois où l'on déposait alors les corps des religieuses. Vous savez bien, celle que le menuisier Cicco, ce vieil homme infirme, se trouva soudain en mesure de réaliser, en dépit de ses mains déformées. Lui qui déplorait tant de ne pouvoir rendre hommage à Sœur Rita par son travail, y apporta tous ses soins.

Mais cette œuvre ne servit que dix ans. A vrai dire, elle avait été destinée à la mise en terre de la défunte. Mais puisque la terre ne voulait pas de Sœur Rita – comment y enfouir ce corps intact ? – on décida, dix ans plus tard, lors d'une première reconnaissance officielle, de l'exposer dans un sarcophage plus luxueux : la *Cassa Solenne*.

Celui-ci est orné de peintures représentant Rita, seule, puis en compagnie de Marie-Madeleine, près du Christ au tombeau. Derrière la tête, se voyaient, jusqu'en 1745, les vestiges d'une épitaphe. Rédigée en dialecte du temps de Rita, cette inscription relatait ses mérites, et implorait aussi sa protection. La chose était courante au Moyen Age, pour ceux que l'on voulait honorer après leur mort.

En 1745, donc, nouveau transfert. Le cercueil utilisé à ce moment est encore conservé, dans une autre pièce du couvent. Il s'y trouve en compagnie de l'anneau de professe, du chapelet de la sainte, et d'une mante lui ayant appartenu. Reliques émouvantes, que vous contemplerez avec respect. Comme tout ceci est à la fois proche et lointain !

Enfin, on déposa le corps, en 1930, dans l'actuelle châsse d'argent. La précédente prit alors son rang parmi les souvenirs...

***

Vous vous recueillerez aussi devant le Christ duquel Sœur Rita, à sa demande instante, reçut l'épine qui vint se ficher dans son front, au retour de l'inoubliable prédication de Carême.

A la mort de Sœur Rita, ses contemporains firent placer sur les murs du monastère les six tableaux, probablement œuvre d'une de ses compagnes, qui devaient conserver la mémoire des principaux événements de sa vie. Ils n'y sont plus. Mais d'autres les ont remplacés, inspirés, à n'en pas douter, de ces premières peintures périssables. C'est ainsi que vous pourrez avoir un aperçu du physique de la sainte, des traits de ses compagnes, des attitudes de la Mère Abbesse, des vêtements et accessoires religieux de l'époque.

Au seuil de la grande porte d'entrée se sont pressés bien des gens qui venaient demander à Sœur Rita un peu de pain, quelques soins, ou encore la consolation et l'espérance. Son sourire réconforta les riches comme les pauvres, sa prière les enveloppa d'une même sollicitude.

A travers ces rues en pente, le cortège de ses obsèques est passé. Les murs, les pavés usés, en gardent l'écho.

Si vous vous trouvez à Cascia un 22 mai, vous pourrez prendre part à la procession solennelle qui s'y déroule chaque année, pour la *Sainte Rita*.

Sans attendre cette date, ne manquez pas de parcourir les jardins du couvent. Un superbe cep de vigne, étalé sur le mur du cloître, attirera votre attention. Il étend ses bras protecteurs sur cette façade ensoleillée, et, à la saison, des grappes vermeilles en font la gloire. Croirait-on que l'origine de cette vigne prospère et féconde est un tout petit morceau de bois sec ? La novice Rita qui, sans comprendre pourquoi sa Supérieure le lui commandait, allait l'arroser durant des mois, en croyant seulement accomplir un devoir d'obéissance, un exercice destiné à former son caractère... La sève, jaillie un beau jour, de façon inattendue, de cette branche aride, symbolise bien la grâce, suscitée par la prière et l'humilité. Par là, sainte Rita a commencé de nous montrer qu'elle pouvait, de Dieu, obtenir l'impossible, à force de persévérance et de docilité à sa volonté.

Le rosier miraculeux de Rocca-Porena a été transplanté dans ces mêmes jardins. Il a fait souche, de telle manière que des buissons odorants s'épanouissent chaque printemps, charmant les religieuses et les visiteurs.

Enfin, dès que l'âme de Sœur Rita eut pris son vol, on a vu revenir en échange, à Cascia, des abeilles. Elles y sont toujours. Et pas n'importe lesquelles : une race disparue depuis longtemps partout ailleurs, et qui, au couvent, se conserve telle qu'au Moyen Age, noire avec un peu de rouge. Mystérieux message de la *Sainte aux Abeilles*.

***

D'autres Abeilles vivent à Cascia. Ce sont les petites filles d'un orphelinat, édifié autour du Sanctuaire, par l'Œuvre qui entretient la mémoire et le culte de sainte Rita. On les nomme : *les petites Abeilles de Sainte Rita*.

Voyez-les s'ébattre dans la cour de récréation. Rien de commun entre cet orphelinat et l'image lugubre que pourrait évoquer ce mot. Ici, les fillettes sont gaies et expansives, bien à leur aise près de leur Protectrice. Les ressources de cet établissement viennent en grande partie de la vente du bulletin: *Dalle Api alle Rose* – des Abeilles aux Roses. Celui-ci est diffusé sur place, et dans les principaux centres de pèlerinage. On peut aussi s'abonner par correspondance. Sainte Rita bénit tout particulièrement ceux qui s'intéressent à ces petites filles, accueillies en son nom.

***

Et puis, vous prendrez les chemins qui, à travers la campagne et la montagne, vous mèneront vers Rocca-Porena. Là, remontant le cours de la vie de Rita, vous comprendrez peu à peu comment s'est forgée, à travers les joies et les douleurs du monde, cette âme qui allait rejoindre, après bien des détours, le cloître auquel elle aspirait tant !

Ces chemins ne sont plus, bien sûr, les sentes abruptes et mal entretenues du XVe siècle. Il existe maintenant de vraies routes, accessibles aux modernes moyens de transport. Mais le paysage est resté le même.

Simple bourgade blottie au creux d'un site grandiose, montagnes âpres et imposantes, souffles de vent chargés des senteurs des plantes sauvages, ciel tour à tour serein ou tourmenté. Avec un peu d'imagination, celle qui vient du cœur, vous vous représenterez aisément le Rocca-Porena où la petite Rita est née, où elle a grandi...

C'est elle qui viendra à votre rencontre, tout d'abord, lorsque vous passerez à proximité du fleuve Corno. Vous ne pourrez vous empêcher d'évoquer cette scène nocturne où une femme éplorée, mais courageuse, est venue, à la lueur des torches, reconnaître le corps sanglant de son mari. Les hurlements de la tempête, les ombres sinistres sans cesse déformées par les mouvements de la flamme, tout cela vous paraîtra tragiquement présent.

Remontant encore le temps, vous arriverez au village, où d'autres aspects de la sainte vous distrairont de ce sombre tableau ! Celle qui viendra à votre rencontre, c'est la jeune femme, tour à tour malheureuse et rassérénée, la maman tenant de chaque main une menotte d'enfant ; la jeune fille empressée autour de ses vieux parents, dissimulant son angoisse devant les fiançailles imposées... Sous ce ciel, devant cette nature qui parle du Créateur, Rita, bien des fois, a prié tout bas en allant et venant pour accomplir son devoir d'état.

Puis, passera la silhouette de la petite fille, rieuse et recueillie à la fois... Celle aussi, toute menue, du bébé porté à la ville pour le baptême...

Antoine Lotti, Amata, Paul de Ferdinand et les jumeaux, peupleront pour vous ces rues auxquelles vous restituerez par la pensée leur aspect de jadis.

***

Pour concrétiser ces souvenirs, vous visiterez tour à tour les divers lieux qui furent témoins de la vie de sainte Rita, ou qui en célèbrent les mérites.

Vous verrez d'abord sa maison, transformée en chapelle depuis 1629, année qui suivit la béatification. L'extérieur est tout simple, petite construction aux murs nus, dominée par un campanile à sa mesure. Un porche arrondi, fermé par une barrière basse, donne accès à l'intérieur.

Un chœur voûté, peint de fresques angéliques, et d'où pendent des lampes ornementales... L'autel est surmonté d'un grand tableau, représentant Rita recevant l'épine...

Des épines, n'en a-t-elle pas rencontré ici, tout au début de sa vie conjugale ? Les vestiges de la maison, encastrés dans la chapelle, rappellent qu'elle a vécu là ses peines et ses joies d'épouse et de mère. Bien avant la vôtre, sa prière, reconnaissante ou suppliante, mais toujours soumise au plan divin, est montée de ce lieu vers le Père.

La tradition ne fait pas mention de la maison paternelle de Rita. Celle-ci fut vraisemblablement détruite par un tremblement de terre. Elle s'élevait, disent les chroniqueurs, « à cent pas de la maison maritale ».

***

Par contre, vous pourrez visiter le lazaret – nous dirions aujourd'hui dispensaire – où Rita venait soigner, avec son dévouement habituel, les malades sans logis. Cette construction a gardé son style du Moyen Age. Très sobre extérieurement, elle contient quelques peintures, notamment une fresque de l'Annonciation, et le buste de sainte Rita. Le tout, postérieur à son époque.

***

Rocca-Porena se devait d'ériger à la plus prestigieuse en même temps que la plus modeste de ses enfants un sanctuaire digne d'elle. Vous allez le découvrir maintenant.

Il a été construit de nos jours et ouvert au culte en 1946. C'est un édifice à façade blanche qui s'élève dans un cadre de verdure particulièrement bien choisi. On y accède par un large perron, qui aboutit à une petite esplanade entourée d'arcades. Vous serez accueillis par la statue de sainte Rita, vêtue en paysanne, et levant les bras en un geste d'invocation.

A l'intérieur, vous trouverez des peintures, des mosaïques et des vitraux, représentant le Christ en Croix, Notre-Dame des Douleurs, et Sœur Rita parmi ses saints préférés : saint Augustin, saint Jacques de la Marche, saint Jean-Baptiste, saint Nicolas de Tolentino. Et, naturellement, la scène de l'épine. On y vénère aussi, exposées dans une custode d'argent, des reliques de la sainte. Ce témoignage de piété vient rejoindre, à travers les âges, ceux de toutes les époques.

Chaque année, au mois de juin, la foule des fidèles venus de partout s'y presse, afin d'assister à la Bénédiction des Roses, grande fête locale, en souvenir du miracle de jadis. Cette coutume est reprise, du reste, dans tous les centres de piété dédiés à sainte Rita.

***

Tout à côté de ce sanctuaire se dresse le campanile de Saint-Montand, l'église paroissiale. C'est bien la même que Rita a connue et fréquentée assidûment, jusqu'à son entrée en religion. Sous ces voûtes, elle a balbutié les prières que lui apprenait Amata ; en grandissant, elle y a confié au Seigneur sa vocation, ses espoirs, ses craintes. A l'exception des baptêmes, qui faute de fonts destinés à contenir l'eau sainte, se déroulaient alors à Cascia, toutes les cérémonies familiales des Lotti et des Mancini ont eu cette église pour cadre.

Il vous semblera voir s'avancer, sur le seuil, le cortège nuptial mené par Paul de Ferdinand. A son bras, la nouvelle épousée, au cœur plein d'appréhension, acclamée par les voisins et amis massés sur le parvis éclaboussé de soleil.

Dans la pénombre de l'intérieur, vous évoquerez les cercueils d'Amata et d'Antoine, apportés, à peu d'intervalle, dans le chœur, pour l'ultime bénédiction, tandis que leur fille pleure silencieusement au bord de la nef...

Des sanglots plus déchirants encore ponctuent les funérailles de Paul, traîtreusement assassiné. Rita, maîtrisant sa douleur, se lève pour répondre aux oraisons parlant de jugement et d'espérance. Elle sait que, en partie grâce à elle, l'âme de l'époux maintenant bien-aimé peut affronter son Seigneur en vrai fidèle. Mais, de temps en temps, elle

147

se penche sur l'un ou l'autre de ses fils, qui l'encadrent en serrant les poings d'un air résolu. Dans l'air flotte autour d'elle un mot qu'elle ne peut admettre : vengeance.

Puis, voici une autre scène funèbre. Ce sont, cette fois, les corps sans vie de ces mêmes jeunes gens, qui, l'un après l'autre, viennent ici pour la dernière fois. Mère douloureuse, Rita sent se glisser, au milieu de son chagrin, un peu de paix. Eux aussi sont morts chrétiennement, leur haine changée en douceur...

Mais, regardez autour de vous, et revenez au temps présent. Cette église n'est pas très grande. Elle conserve son style primitif : voûtes romanes, dalles de pierre, bancs de bois. C'est seulement au XVIe siècle qu'on l'a ornée de peintures : couronnement de la Vierge, et figures de Saints, au milieu desquelles se trouve Rita. Une Rita déjà entourée de l'auréole des saints, à une époque où la béatification n'était même pas encore entrevue. Là aussi, la ferveur populaire avait depuis longtemps devancé les décrets officiels.

***

Peut-être en souvenir des deux adolescents que Rita sut – si bien –, élever seule, c'est à Rocca-Porena que se dresse l'orphelinat de garçons de l'Œuvre. Il fait pendant à la Ruche des petites Abeilles de Cascia, dans la sollicitude des éducateurs, comme dans la générosité des donateurs.

148

Une grande bâtisse, claire et commode, s'élève au centre d'un jardin. Terrain de sport, ateliers d'apprentissage, rien n'y manque de ce qui doit contribuer à former des hommes, des travailleurs, des chrétiens. Comme chez les fillettes, la joie règne sur les visages, dans une discipline librement consentie et compréhensive. Ces deux foyers d'éducation sont le prolongement de l'action de sainte Rita, dont nous sommes tous les continuateurs, par la prière et le soutien.

**

Tout au bout du village s'étend le jardin de sainte Rita. Il va jusqu'aux contreforts de la montagne. De là, on découvre une minuscule vallée, et, au-delà, des sentiers grimpant parmi la verdure du versant opposé. La main de l'homme y a ordonné la nature, plantes et rocailles, tout en la respectant. Travail ingrat, sans cesse recommencé. Vous n'aurez aucune peine à imaginer Rita, circulant dans ces allées, désherbant ici, arrosant là, cueillant délicatement une fleur ou un fruit.

Rita ?... Au détour d'un sentier, vous la rencontrerez pour de vrai, sous un arbre au tronc noueux. Mais son aspect vous déconcertera un peu, bien que le symbole qu'il représente soit tout à fait logique. Un sculpteur contemporain a érigé à cet endroit un groupe de bronze montrant Rita sur son lit de mort, recevant la visite de sa cousine. Celle-ci, penchée sur elle avec tendresse, lui offre la rose miraculeusement éclose ici même, sous la neige de janvier.

Le visage serein de la mourante, l'attitude affectueuse et émerveillée de la visiteuse, rendent cette scène émouvante et vraie. La religieuse, si longtemps recluse dans son étroite cellule, se prépare vraiment à pénétrer dans un jardin d'une splendeur infinie : celui du Paradis.

***

Si vous en avez le courage, vous grimperez au rocher dont la masse, un peu menaçante, domine Rocca-Porena. Le sentier, rude et sinueux, est ponctué des stations du Chemin de la Croix.

Un petit sanctuaire, flanqué de deux rangées d'arcades, éclaire et humanise ce sommet impressionnant. A l'intérieur, vous admirerez, notamment, une peinture représentant la sainte montant vers le ciel. Mais vous remarquerez surtout le bloc de rocher, pieusement conservé, sur lequel elle s'agenouillait, quand elle montait là pour prier sous les étoiles, ou face à la vallée.

A son exemple, vous pourrez vous recueillir un moment sur cette esplanade battue des vents. Et vous croirez voir la pauvre veuve qui, par une nuit tourmentée, gravit ces pentes abruptes, dont le sol, soudain, s'entrouvrit sous ses pas. Ultime épreuve, destinée à prendre la mesure de sa confiance, après tant de vicissitudes, de retards, de refus, en la réalisation de sa vocation.

Au bout du chemin Dieu l'attendait enfin, dans cette Communauté à laquelle elle était vraiment destinée...

***

Le soir, vous verrez briller au milieu de la bourgade une croix lumineuse. Comme un rappel, comme un signal, cette croix visible de loin indique qu'il s'est passé à Rocca-Porena de grandes choses. De celles qui n'attirent pas forcément l'attention sur le moment, mais qui s'épanouissent, plus tard, en sainteté et en grâces.

Telle fut la vie cachée de la petite fille née ici, voilà près de six cents ans, au foyer d'Antoine et Amata, les *Semeurs de Paix*.

Pour avoir suivi la croix, elle est maintenant dans la lumière. Et elle dispose d'un pouvoir prodigieux en faveur de ceux qui lui ont succédé sur la terre.

A notre époque difficile et incertaine, bien des fois nous avons souhaité que cette notion de Paix devienne autre chose qu'une formule abstraite. Rita et ses parents nous montrent comment il est possible de l'instaurer, petit à petit, dans un monde agité. Dans leur temps, elle n'était pas plus facile à obtenir que dans le nôtre. Ils s'y sont employés, à la mesure de leurs moyens, dans leur modeste cadre de vie.

Prions la SAINTE DES IMPOSSIBLES de nous insuffler le même souci. Et de nous obtenir le secours divin, pour qu'un jour, en dépit des tempêtes, tous les hommes de bonne volonté puissent se donner la main, unis dans un même Amour.

PÈLERINAGES À SAINTE RITA

S'il n'est pas possible, malheureusement, à tous ceux qui le désireraient, d'accomplir le voyage vers l'Ombrie, on peut honorer sainte Rita en bien d'autres lieux.

En Italie même, un sanctuaire lui est dédié à TURIN, au Corso Orbassano. Là se déroule chaque année la Bénédiction des Roses en union avec celle qui se célèbre à ROCCA-PORENA le 22 mai. On implore la sainte, et ces fleurs sanctifiées sont précieusement conservées dans les foyers, qu'elles protégeront, ou bien sont offertes aux malades.

En France, bien des pèlerinages rassemblent autour de sainte Rita les fidèles de différents diocèses. On la vénère particulièrement dans le Nord, où les mineurs se réunissent à VENDEVILLE, à CURGIS, près de VALENCIENNES, et au Sacré-Cœur de DENAIN. Dans les Ardennes, aussi, on la prie notamment en l'église Saint-Hilaire de GIVET. Ce mouvement de ferveur s'étend jusqu'en Flandre Belge, où il s'unit à celui qui monte vers NOTRE-DAME-DE-BONSECOURS. En Normandie, la région de DIEPPE fait également confiance à sainte Rita. Les pêcheurs de Notre-Dame-des-Grèves, paroisse du port, viennent fleurir et illuminer sa statue. Tandis qu'à ETRAN, village tout proche, un pèlerinage attire le 22 mai les fidèles de la contrée. Ceci n'est qu'un aperçu de l'attachement de nos provinces à sainte Rita, car nous ne pouvons connaître toutes les églises, toutes les chapelles, où son image est à l'honneur...

PARIS compte plusieurs sanctuaires qui font à la sainte de CASCIA une place de tout premier plan. Un sanctuaire lui est spécialement consacré, au 65 du boulevard de Clichy, dans le 9e arrondissement en face du Moulin Rouge, « pour mettre Dieu où il n'était pas ». On la prie aussi à La Madeleine, à Sainte-Odile, à Saint-Pierre de MONTROUGE, Saint-Eugène, Sainte-Cécile, Saint-Pierre-du-Gros-Caillou, et en l'église Saint-Pierre d'Aubervilliers. Cette liste n'est pas limitative, surtout depuis que des quartiers neufs et des villes nouvelles fleurissent autour de la capitale, suscitant des chapelles modernes. Sainte Rita, canonisée à l'aube de notre XXe siècle, est bien une sainte accordée à notre époque aventureuse. Enfin, les colonies étrangères de Paris lui font également une place d'honneur dans leurs chapelles : chapelle espagnole, rue de la Pompe, Mission Italienne, rue de Montreuil.

Mais le grand centre français de l'ŒUVRE DE SAINTE RITA est situé à NICE – 06000 –, en la chapelle de l'Annonciation.

PRIERE TRES EFFICACE
Dans les cas difficiles et désespérés.

O puissante et glorieuse Sainte Rita, voici à vos pieds une âme désemparée, qui, ayant besoin d'aide, a recours à Vous avec la douce espérance d'être exaucée.

A cause de mon indignité et de mes infidélités passées, je n'ose point espérer que mes prières arrivent à forcer le cœur de Dieu. C'est pourquoi je sens le besoin d'une médiatrice toute-puissante, et c'est Vous que j'ai choisie, Sainte Rita, pour votre titre incomparable de *Sainte des cas impossibles et désespérés.*

O chère Sainte, prenez à cœur ma cause, intervenez auprès de Dieu pour m'obtenir la grâce dont j'ai tant besoin et qu'ardemment je désire... (*exprimer la grâce que l'on désire*).

Ne permettez pas que j'aie à vous quitter sans être exaucé. Si en moi quelque chose fait obstacle pour obtenir la grâce que je demande, aidez-moi à l'écarter : couvrez ma prière de vos précieux mérites, et présentez-la à votre céleste Epoux, en union à la vôtre. Ainsi présentée par vous, son épouse fidèle parmi les plus fidèles, vous qui avez ressenti les douleurs de sa Passion, comment pourra-t-il la rejeter ou ne point l'exaucer ?

Toute ma confiance est donc en vous, et par votre intermédiaire j'attends d'un cœur tranquille l'accomplissement de mes vœux.

O chère Sainte Rita, que ma confiance et mon espoir en vous ne soient point déçus, faites que ma requête ne demeure point vaine ; obtenez-moi de Dieu ce que je vous demande ; alors, je ferai connaître à tous la bonté de votre cœur et la toute-puissance de votre intercession.

Et Vous, Cœur adorable de Jésus, qui vous êtes montré toujours si sensible aux plus petites misères de l'humanité, laissez-vous émouvoir par mes besoins, et, sans regarder ma faiblesse et mon indignité, accordez-moi la grâce qui m'est tant à cœur, et que, pour moi et avec moi, Vous demande votre fidèle épouse, Sainte Rita.

Oui, pour la fidélité avec laquelle Sainte Rita a toujours répondu à la grâce divine, pour tous ces dons, dont vous avez voulu combler son âme, pour tout ce qu'elle a souffert en sa vie d'épouse, de mère, et comme participante de votre douloureuse Passion, enfin, pour l'extraordinaire pouvoir d'intercession par lequel Vous avez voulu récompenser sa fidélité, accordez-moi cette grâce qui m'est si nécessaire.

156

Et vous, Vierge Marie, notre bonne Mère du Ciel, dépositaire des divins trésors et dispensatrice de toutes les grâces, appuyez de votre puissante intercession celle de votre grande amie Sainte Rita, pour m'obtenir de Dieu la grâce désirée. Amen.

PRIÈRE DE REMERCIEMENT

C'est le cœur profondément ému et reconnaissant qu'aujourd'hui je viens à vous, ô glorieuse et puissante Sainte Rita.

A l'heure du danger, au moment où mon bonheur et celui des êtres qui me sont chers était menacé, je vous ai implorée, l'âme affligée et remplie d'appréhension... Je vous ai suppliée, vous que tous appellent la *Sainte de l'impossible*, l'*Avocate des cas désespérés*, le *Refuge de la dernière heure* !... Ma confiance en vous n'a pas été déçue.

Je reviens à vous maintenant, non plus les larmes de la souffrance aux yeux, mais la joie et la sérénité au cœur, vous offrir ma reconnaissance.

Cette joie, cette sérénité, je la dois à vous, chère Sainte, à vous qui êtes intervenue en ma faveur auprès de Dieu, malgré mon indignité, et m'avez obtenu la grâce que je désirais.

Je voudrais mieux vous exprimer le profond sentiment de reconnaissance dont mon cœur est rempli, ô sainte thaumaturge, ô consolatrice des affligés, mais le trouble même provoqué par le bonheur d'avoir obtenu cette grâce paralyse mes expressions, et je ne sais plus que murmurer : merci... sainte Rita.

Alors, pour vous démontrer d'une façon plus réelle ma reconnaissance, je vous promets de diffuser avec un zèle de plus en plus grand la connaissance de votre culte, de vous faire aimer par ceux qui vous ignorent encore, et n'ont pas comme moi le bonheur d'avoir expérimenté votre bienfaisance infinie.

Je vous promets d'aider, autant que mes possibilités me le permettent, à l'entretien de votre culte, et d'assister autant que possible aux cérémonies célébrées en votre honneur.

Pour me rendre toujours plus digne de l'aide du ciel et de votre sainte protection, je prends la résolution, à partir d'aujourd'hui, d'accomplir avec une plus grande conscience et ferveur mes devoirs chrétiens.

O chère Sainte Rita, je vous confie le soin de présenter à Dieu ces sincères résolutions, et de le remercier pour moi de la grâce généreusement accordée.

Veuillez enfin ne jamais m'abandonner, et continuez à me garder votre sainte et active protection, afin qu'après en avoir profité sur cette terre, je puisse un jour vous retrouver au Ciel et vous dire mieux toute ma reconnaissance. Amen.

TABLE DES MATIÈRES

Achevé d'imprimer le 2 octobre 2000
Imprimerie AGAM à Cuneo (Italie)

Dépôt légal octobre 2000